RECUEIL
DES
HISTORIENS DE LA FRANCE

OBITUAIRES

SÉRIE IN-8°

RECUEIL
DES
HISTORIENS DE LA FRANCE
PUBLIÉ

PAR L'ACADÉMIE DES INSCRIPTIONS ET BELLES-LETTRES

OBITUAIRES

SÉRIE IN-8°

VOLUME XXXI

PARIS

ACADÉMIE DES INSCRIPTIONS ET BELLES-LETTRES

2024

LE TERRIER DES ANNIVERSAIRES
DE
SAINT-GÉRALD DE LIMOGES

PUBLIÉ SOUS LA DIRECTION DE
JACQUES VERGER

Membre de l'Académie des inscriptions et belles-lettres

PAR

JEAN-LOUP LEMAITRE

Auxiliaire de l'Académie

AVEC UNE ÉTUDE DE (†) DOM JEAN BECQUET (OSB)

PARIS

ACADÉMIE DES INSCRIPTIONS ET BELLES-LETTRES

2024

PRÉFACE

Les hôpitaux français du Moyen Âge, desservis pour la plupart par des frères et des sœurs vivant sous la règle de saint Augustin, n'ont pas laissé une documentation nécrologique très abondante. Les manuscrits conservés – manuscrits médiévaux ou copies d'érudits modernes – concernent presque exclusivement des établissements situés dans la France septentrionale. Le seul exemple provenant de la France centrale ou méridionale est représenté par l'obituaire ou, pour lui donner son titre exact, « le terrier des anniversaires » de *l'hôpital Saint-Gérald de Limoges.*

L'édition que nous en donne aujourd'hui Jean-Loup Lemaitre, directeur d'études à l'École pratique des Hautes Études (IVe Section), auxiliaire de l'Académie des inscriptions et belles-lettres, spécialiste de l'histoire religieuse du Limousin médiéval, est donc d'autant plus précieuse. À dire vrai, l'hôpital Saint-Gérald n'était pas la seule institution charitable à laquelle pouvaient s'adresser, en Limousin, les pauvres et les malades. À Limoges même, il y avait aussi l'aumônerie de Saint-Martial et la léproserie de La Madeleine, sans parler de diverses confréries. Ceci dit, et même si on ignore quelles étaient exactement les capacités d'accueil de Saint-Gérald, il est clair que c'était une fondation originale, implantée en ville, qui regroupait un prieuré augustin et une « maison » pour les pauvres, fondation dont l'histoire est relativement bien documentée, malgré la dispersion des archives, que l'on peut compléter par quelques mentions dans les chroniques et annales limousines.

Selon l'usage de la série « Obituaires » du Recueil des historiens de la France, *cette histoire est résumée dans l'introduction, aux pages 9 à 38 du présent volume. S'agissant de la fondation même de Saint-Gérald, au tournant des XIIe et XIIIe siècles, Jean-Loup Lemaitre s'est, à juste titre, contenté de reproduire, en actualisant simplement quelques notes, l'étude pratiquement définitive qu'en avait donnée en 1987 dans le* Bulletin de la Société archéologique et historique du Limousin *ce parfait érudit, lui aussi grand connaisseur de l'histoire monastique et canoniale du diocèse de Limoges, que fut dom Jean Becquet OSB († 2003). Les pages suivantes, qui concernent la fin du Moyen Âge et le XVIe siècle, sont dues à Jean-Loup Lemaitre lui-même.*

De cette introduction historique, je retiens d'abord que cette fondation, qui s'inscrit dans le grand mouvement de réforme canoniale du XIIe siècle, bénéficia des efforts conjoints des évêques de Limoges, de clercs réformateurs, en particulier le premier prieur, frère Hélie, et de quelques bienfaiteurs laïcs, le tout avec l'appui constant du Saint-Siège. Ainsi naquit, selon l'expression de dom Becquet, « une petite congrégation hospitalière diocésaine » dont malheureusement, ajoute-t-il, « l'organisation interne nous échappe en bonne partie ». On sait en tout cas qu'elle disposait d'une église, de bâtiments conventuels, d'une « maison d'aumônerie » pour les pauvres, d'un cimetière, ainsi que de chapelles, droits paroissiaux et biens fonciers divers à Limoges même et dans les campagnes voisines. En plus de la communauté des religieux, Saint-Gérald employait quelques frères et sœurs de statuts divers (prêtres, clercs, laïcs) qui se consacraient plus spécialement au service des pauvres et des malades.

La suite de l'histoire de Saint-Gérald, aussi bien du prieuré que de l'hôpital, est moins bien connue. Jean-Loup Lemaitre a rassemblé un certain nombre de documents datant surtout des XVIe et XVIIe siècles. Il a également identifié le missel utilisé par les frères. Tout cela montre que l'établissement a continué à fonctionner régulièrement, assurant la desserte paroissiale d'un certain nombre de villages en même temps que sa mission d'assistance aux pauvres et aux malades. Cette dernière a cependant pris fin en 1660, lorsque l'ensemble des établissements hospitaliers de Limoges furent réunis pour constituer l'Hôpital général de la ville. Quant au prieuré, il avait été rattaché dès 1637 à la congrégation des chanoines réformés de l'étroite observance dite de Sainte-Geneviève. On n'en trouve pratiquement plus de traces dans la documentation à la fin du XVIIIe siècle.

Si le rayonnement de la petite congrégation hospitalière de Saint-Gérald a toujours été local, il n'en a pas moins été bien réel jusqu'au XVIIe siècle. Et le meilleur témoignage, à défaut de statuts ou d'actes de la pratique renseignant sur son fonctionnement quotidien, est donné par son obituaire. Nous désignons sous cette appellation générique le « terrier des anniversaires » de Saint-Gérald, contenu dans un manuscrit inédit conservé aux archives départementales de la Haute-Vienne sous la cote H SUP Limoges 2 B 6. On en trouvera dans le présent volume, pour la première fois, l'édition scientifique fournie par Jean-Loup Lemaitre suivant toutes les règles de l'érudition moderne.

Il s'agit, à dire vrai, d'un manuscrit composite dont seules les deux premières parties, les plus anciennes, compilées en 1513 dans un latin parfois contaminé par la langue vernaculaire, peut-être par un frère répondant au nom pittoresque de Vincent de Grossa Radice, *nous intéressent. La première (f. 2 à 5) contient une table des actes de fondation d'anniversaires, la seconde (f. 6 à 48) donne ces actes eux-mêmes, beaucoup plus détaillés, naturellement, et classés selon l'ordre du calendrier aux dates des obits des fondateurs ; cette sorte d'obituaire est malheureusement incomplet puisque les feuillets conservés ne vont pas au-delà du mois de septembre, alors qu'on sait par la table initiale qu'il existait évidemment des fondations dont les anniversaires se situaient pendant les derniers mois de l'année.*

Les folios suivants (50 à 113), copiés postérieurement à 1513, contiennent, de manière disparate, des actes relatifs au temporel de Saint-Gérald, à la fondation d'une confrérie et à la perception de certains revenus liés aux fondations anniversaires.

Pour revenir à la documentation proprement nécrologique éditée par Jean-Loup Lemaitre, la table des actes de fondation, qui contient soixante-douze items, et ces actes eux-mêmes, au nombre de cinquante et un, forment deux séries qui se recoupent évidemment largement, même si la seconde est, on l'a dit, incomplète.

Malgré cela, l'intérêt de ces textes est évident. Comme toujours avec ce type de documentation, ils permettront aux spécialistes d'histoire religieuse, mais aussi économique et sociale, qui les utiliseront, en s'aidant de l'annotation minutieuse et des identifications proposées par Jean-Loup Lemaitre, de mesurer les ressources, non négligeables mais peut-être parfois difficiles à percevoir car consistant en modestes rentes ou assises sur des pièces de terre, des vignes ou des vergers dispersés, que leur participation à la commémoration des défunts assurait aux frères du prieuré-hôpital Saint-Gérald de Limoges. Ils *leur permettront aussi de reconstituer le profil habituel des bienfaiteurs de Saint-Gérald, sensibles aux buts charitables poursuivis par cette maison. Si le donateur le plus connu – et le plus ancien – n'est autre que le célèbre chroniqueur Bernard Gui, cité ici comme évêque de Lodève († 1331), la plupart ne remontent qu'à la seconde moitié du XVe siècle. Ils étaient originaires de Limoges même ou des environs, spécialement de la vaste paroisse dont Saint-Gérald avait la desserte. On y trouve quelques petits nobles, quelques officiers, quelques prêtres, mais il s'agit le plus fréquemment de « bourgeois » ou de marchands de Limoges, voire de simples artisans ou d'agriculteurs, donc de laïcs et même souvent, parmi eux, de femmes, notamment de veuves. Bref, tout un petit peuple laborieux et dévot que le spectacle des misères du monde, pauvreté et maladie, ne laissait pas indifférent et qui, à la mesure de ses moyens, tenait à participer à l'œuvre charitable de l'Église.*

Je précise enfin que, comme il est de règle dans cette série, l'édition du livre terrier des anniversaires de Saint-Gérald de Limoges est accompagnée d'un certain nombre de photographies du manuscrit lui-même ou d'autres documents ainsi que des index des noms de personnes, de lieux et de matières indispensables à son exploitation historique.

Jacques VERGER

AVANT-PROPOS

Les hôpitaux, desservis pour la plupart, par des frères et sœurs vivant sous la règle de saint Augustin, n'ont pas laissé un très grand nombre d'obituaires – trente-trois dans le *Répertoire des documents nécrologiques français*[1], pour une soixantaine de références –, dont bon nombre de manuscrits tardifs, des XVIIe-XVIIIe siècles, mais aussi de manuscrits perdus, connus par des extraits d'érudits ou de simples mentions dans des inventaires. Certains refont parfois surface et c'est ainsi qu'a été retrouvé en 2014, dans les archives du collège de Juilly l'obituaire du grand hôtel-Dieu de Meaux – du moins ce qu'il en restait car le manuscrit est incomplet – jusque-là connu par les extraits donnés par dom Toussaint Du Plessis dans son *Histoire de l'église de Meaux*, t. II, Paris, 1731, p. 473-474[2], comme l'avait été en 2008, à l'occasion d'une vente publique à Aurillac un obituaire du XVe siècle de l'hôpital parisien des Quinze-Vingts[3]... Les manuscrits conservés le sont avant tout pour des établissements de la France septentrionale (provinces de Sens, Reims, Trèves ou Mayence)... La France centrale ou méridionale l'est en tout et pour tout par un unique manuscrit, un terrier des anniversaires de l'hôpital Saint-Gérald de Limoges, réalisé en 1513 en reprenant un obituaire perdu, mais sans que la copie soit allée jusqu'à son terme... Son rédacteur a repris, dans l'ordre calendaire, toutes les fondations d'anniversaires dont les actes étaient conservés, mais son travail s'est arrêté en août..., les fondations

1. Voir *Répertoire*, p. 1479-1480.
2. Voir J.-L. Lemaitre, « L'obituaire du grand hôtel-Dieu de Meaux », dans *Journal des Savants*, 2015, p. 241-272 et *Répertoire des documents nécrologiques français. Quatrième supplément (2009-2020)*, Paris, 2020, p. 17-19, pl. 10-11, n° 1484.
3. *L'obituaires de l'hôpital des Quinze-Vingts de Paris*, publiés sous la dir. de J. Favier, par J.-L. Lemaitre, Paris, 2010 (Recueil des historiens de la France, Obituaires, série in 8°, vol. X).

des mois de septembre à décembre étant toutefois connues par le relevé des actes qui précède leur copie…

L'hôpital Saint-Gérald a été pendant plusieurs siècles, avec l'aumônerie de l'abbaye Saint-Martial et la maison-Dieu des lépreux la principale institution charitable de Limoges, jusqu'à la création de l'hôpital général en 1660, né de la fusion des diverses institutions charitables, dont les confréries, nombreuses à Limoges… Le fonds d'archives de l'hôpital est constitué pour une bonne part des archives des confréries de Notre-Dame du Puy, de Notre-Dame de Rocamadour, mais bon nombre de documents étaient passés dès 1664 dans le fonds du nouvel hôpital général.

Si l'histoire de ses origines est assez bien connue, grâce à l'étude que lui a consacrée dom Jean Becquet en 1987, celle des siècles suivants, XIVe-XVe siècles, l'est bien moins, faute de sources… et le terrier des anniversaires de 1513 permet au moins de se faire une idée de la manière dont fonctionnait la pratique des anniversaires au sein de cette communauté canoniale à la fin du Moyen Âge.

Il nous a semblé utile pour le lecteur de reprendre ici telle quelle l'étude de dom Jean Becquet, qui nous a quittés le 14 août 2003 [1], en procédant seulement à quelques ajustements dans les notes.

1. Voir J.-L. LEMAITRE, « Dom Becquet et le Limousin », dans *BSAHL*, t. 132 (2004), p. 5-18.

BIBLIOGRAPHIE SOMMAIRE

ET PRINCIPAUX TITRES CITÉS EN ABRÉGÉ

ADÉMAR DE CHABANNES, *Chronique*, publ. par Jules CHAVANON, Paris, 1897 (Collection de textes pour servir à l'étude et à l'enseignement de l'histoire, 20).

ADEMARI CABANNENSIS *Chronicon*, éd. Pascale BOURGAIN, Richard LANDES et Georges PON, Turnhout, 1999 (*Corpus Christianorum. Continuatio mediaevalis*, CXXIX).

ADHV = Archives départementales de la Haute-Vienne, à Limoges.

ALLABERT (Marigeorges), Robert CHANAUD et Florence MIROUSE, *Le guide du chercheur aux archives départementales de la Haute-Vienne*, Limoges, 1998.

ALLOU (Charles-Nicolas), *Description des monumens des différens âges observés dans la Haute-Vienne, avec un précis des Annales de ce pays* Limoges, 1821.

Annales manuscrites de Limoges, dites manuscrit de 1638, publiées [...] par Émile RUBEN, Félix ACHARD et Paul DUCOURTIEUX, Limoges, 1872.

ARBELLOT (François), *Chronique de Maleu, chanoine de Saint-Junien mort en 1322*, Saint-Junien-Paris, 1847.

AVRIL (Joseph), « Le statut des maisons-Dieu dans l'organisation ecclésiastique médiévale », dans *Actes du 110e congrès national des Sociétés savantes, Montpellier, 1985*, Paris, 1987, p. 285-297.

BALUZE (Étienne), *Histoire généalogique de la Maison d'Auvergne justifiée par chartes, titres, histoires anciennes et autres preuves authentiques*, 2 vol., Paris, 1708.

—, *Historiae Tutelensis libri tres*, Paris, 1717.

BARRIÈRE (Bernadette), fasc. « Limoges », dans Charles HIGOUNET, Jean-Bernard MARQUETTE et Philippe WOLFF, *Atlas historique des villes de France*, Paris, 1984.

BECQUET (Dom Jean), *Actes des évêques de Limoges, des origines à 1197*, Paris, 1999 (Documents, études et répertoires publiés par l'IRHT, 56).

BECQUET (Dom Jean), « Le bullaire du Limousin », dans *BSAHL*, t. 100 (1973), p. 111-149 et t. 109 (1982), p. 53-69.

—, « Les débuts de l'hôpital Saint-Gérald (XIIe-XIIIe siècles) », dans *BSAHL*, t. 114 (1987), p. 38-58. — Réimprimé, avec quelques ajustements, dans l'INTRODUCTION qui suit.

—, « Les évêques de Limoges aux Xe, XIe et XIIe siècles », dans *BSAHL*, t. 107 (1980), p. 113-141.

—, *Paroisses et paroissiens en Limousin au XIIIe siècle*, Ligugé, 1979-1982 (ex. dactylogr. aux ADHV, I/H 232).

—, *Recherches sur les institutions religieuses de l'Ordre de Grandmont au Moyen Âge*, Ligugé, 1951 (ex. dact. aux ADHV, I/H 60).

BESSE (Dom Jean-Martial), *Abbayes et prieurés de l'ancienne France. Recueil historique des archevêchés, évêchés, abbayes et prieurés de France*, par dom BEAUNIER, t. V, *Province ecclésiastique de Bourges*, Ligugé-Paris, 1912.

BHL = *Bibliotheca hagiographica latina antiquae et mediae aetatis*, edd. SOCII BOLLANDIANI, Bruxelles, 1898-1899 [réimpr. 1949]. — *Novum Supplementum*, ed. Henricus FROS, Bruxelles, 1986 (*Subsidia Hagiographica*, 6 et 70).

BONAVENTURE DE SAINT-AMABLE, *Histoire de saint Martial* [...], 3 vol. in-fol., Clermont, 1676 [I]-Limoges [II-III], 1685.

BOUCHAUD (Pauline), *Le chanoine limousin Étienne Maleu (†1322), historien de son église*, thèse de doctorat de l'École pratique des Hautes Études, IVe section, Paris, 2018.

BSAHL = *Bulletin de la Société archéologique et historique du Limousin*, Limoges, t. 1 (1845) *sq*.

Cartulaire des prieurés d'Aureil et de l'Artige en Limousin, publié par Gaston DE SENNEVILLE, Limoges, 1900 [= *BSAHL*, t. 48, 1900].

Chronique de Maleu = voir ARBELLOT (François), *Chronique de Maleu, chanoine de Saint-Junien mort en 1322*, Saint-Junien-Paris, 1847.

Chroniques de Saint-Martial de Limoges, publiées [...] par Henri DUPLÈS-AGIER, Paris, 1874 (Société de l'histoire de France, 167).

COLLIN (Jean), *Histoire sacrée de la vie des saints principaux et autres personnes plus vertueuses* [...] *du diocèse de Limoges* [...], Limoges, 1672.

COTTINEAU (Dom Laurent-Henri), *Répertoire topo-bibliographique des abbayes et prieurés*, 2 vol., Mâcon, 1939. – t. III. *Supplément*, par dom Grégoire PORAS, Mâcon, 1970.

Documents historiques bas-latins, provençaux et français concernant principalement la Marche et le Limousin, publiés par Alfred Leroux, Émile Molinier et Antoine Thomas, Limoges, 2 vol., 1883-1885.

Duclou (dom Léonard), *Dictionnaire de la langue limousine…*, [Limoges, 1777] = Limoges, Bibliothèque francophone multimédia (Bfm), *ms. 136.

Ducourtieux (Paul), « Limoges d'après ses anciens plans », dans *BSAHL*, t. 31 (1883), p. 117-303.

Eubel (Conrad), *Hierarchia catholica Medii Aevi* […] *ab anno 1198 usque ad annum 1431 perducta* […], t. I, Münster, 1913.

Gallia christiana in provincias ecclesiasticas distributa […], *opera et studio Dyonisii Sammarthani*, t. II, Paris, 1720.

Geoffroi de Vigeois = *La chronique de Geoffroi de Breuil, prieur de Vigeois*, publiée par Pierre Botineau et Jean-Loup Lemaitre, avec une traduction de Bernadette Barrière, mise en forme et annotée par Stéphane Lafaye *et al.*, Paris, 2021 (Société de l'histoire de France, 559).

Guibert (Louis), « Anciens registres des paroisses de Limoges », dans *BSAHL*, t. 29 (1881), p. 73-124, et Limoges, 1881.

—, « Les lépreux et les léproseries de Limoges », dans *BSAHL*, t. 55 (1905), p. 5-146.

Imbert (Jean), *Histoire des hôpitaux français. Les hôpitaux en droit canonique*, Paris, 1947.

J.L. = Jaffé (Philippus) et Samuel Loewenfeld, *Regesta pontificum Romanorum ab condita ecclesia ad annum post Christum natum MCXVIII*, Leipzig, 1885.

Labbe (Philippe, S.J.), *Novae bibliothecae manuscriptorum librorum, tomus primus Historias, chronica sanctorum, sanctarumque vitas…*, Paris 1657 ; – *tomus secundus, rerum Aquitanicarum prœsertim Bituricensium uberrima collectio…*, Paris, 1657.

Lecler (Abbé André), *Dictionnaire historique et géographique de la Haute-Vienne*, Limoges, 2 vol., 1920-1926 [réimpr. en un vol., Marseille, 1976].

—, *Dictionnaire topographique, archéologique et historique de la Creuse*, Limoges, 1902 [réimpr. Marseille, 1979].

Le Grand (Léon), *Statuts d'hôtel-Dieu et de léproseries. Recueil de textes du XIIe au XIVe siècle*, Paris, 1901 (Collection de textes pour servir à l'étude et à l'enseignement de l'histoire, 32).

Legros (Abbé Martial), *Mémoire sur l'histoire des abbayes du diocèse de Limoges, tant d'hommes que de filles* = *ms. ADHV, I SEM 35.

LEMAITRE (Jean-Loup), *Abbayes, couvents et prieurés disparus du pays d'Ussel*, Ussel-Paris, 2008 (Mémoires et documents sur le Bas-Limousin, série in-12°, vol. XXIV).

—, *Le Limousin monastique. Autour de quelques textes*, Ussel, 1992 (Mémoires et documents sur le Bas-Limousin, vol. XIV).

—, *Le martyrologe du diocèse de Limoges de Martial Legros, 1790*, Genève, 2024 (EPHE – Hautes Études médiévales et modernes, 117).

—, « Mort et sépulture des prieurs de la première province de Provence d'après Bernard Gui », dans *L'ordre des Prêcheurs et son histoire en France méridionale*, Toulouse, 2001 (Cahiers de Fanjeaux, 36), p. 123-198.

—, Precamur fraternitatem vestram. *Autour des livres, du nécrologe au martyrologe. Choix d'articles publiés de 1984 à 2009*. Textes réunis par Patrick HENRIET, avec la collaboration de Pauline BOUCHAUD, Genève, 2019 (EPHE – Hautes études médiévales et modernes, 112).

—, *Un calendrier retrouvé. Le calendrier des Heures de Saint-Pierre-du Queyroix. Musée du pays d'Ussel, ms. 6*, Ussel-Paris, 2005 (Mémoires et documents sur le Bas-Limousin, vol. XXV).

LEROUX (Alfred), *Documents historiques* = *Documents historiques bas-latins, provençaux et français concernant principalement la Marche et le Limousin*, publiés par Alfred LEROUX, Émile MOLINIER et Antoine THOMAS, Limoges, 2 vol., 1883-1885.

—, *Inventaire sommaire des Archives départementales antérieures à 1789. Haute-Vienne. Série H supplément*, Limoges, 1884-1887. [*Cet inventaire a été saisi et mis en ligne sur le site des arch. dép. de la Haute-Vienne].

—, *Les sources de l'histoire du Limousin*, Limoges, 1895 (Bibliothèque historique du Limousin, I).

— et Auguste BOSVIEUX, *Chartes, chroniques et mémoriaux pour servir à l'histoire de la Marche et du Limousin*, Tulle, 1886.

LEVY (Emil), *Petit dictionnaire provençal-français*, Heidelberg, 5e éd., 1973.

LIMOUZIN-LAMOTHE (Roger *dit* Raymond), *Le diocèse de Limoges, des origines à la fin du Moyen Âge*, Strasbourg-Paris, 1951 (Collection d'histoire des diocèses de France).

« Liste épiscopale » = *Les obituaires du chapitre cathédral saint-Étienne de Limoges*, « Les évêques de Limoges, IXe-XIVe siècle », p. 407-426.

MOLINIER (Auguste), *Les obituaires français au Moyen Âge*, Paris, 1890.

NADAUD (Abbé Joseph), *Nobiliaire du diocèse et de la généralité de Limoges par l'abbé Joseph Nadaud, curé de Teyjac*, publié par l'abbé André LECLER, 4 vol., Limoges, 1882 (voL 1, 2e éd.)-1880 [réimpr., Paris, 1974].

—, « Pouillé historique du diocèse de Limoges », publié par l'abbé André LECLER, dans *BSAHL*, t. 53 (1903), p. 5-841.

Nécrologe (Le) du prieuré de l'Artige, publié sous la direction de Jacques VERGER par dom Jean BECQUET et Jean-Loup LEMAITRE, Paris, 2021 (Recueil des historiens de la France. Obituaires, série in-8°, vol. XXIV).

Obituaires (Les) du chapitre cathédral saint-Étienne de Limoges, publiés sous la direction de Jacques VERGER par Jean-Loup LEMAITRE, Paris, 2017 (Recueil des historiens de la France. Obituaires, série in-8°, vol. XVI).

PETIT (Nicolas), *Prosopographie génovéfaine*, Paris, 2008 (Matériaux pour l'histoire publiés par l'École nationale des chartes, 6).

Pouillés de la province de Bourges, publiés sous la direction de Charles-Edmond PERRIN par Jacques DE FONT-RÉAULX, Paris, 1962 (Recueil des historiens de la France. Pouillés, vol. IX).

POULBRIÈRE (Jean-Baptiste), *Dictionnaire archéologique et historique des paroisses du diocèse de Tulle*, Tulle, 3 vol., 1894-1911 ; – 2e éd., Brive, 1964-1966.

RAYNOUARD (François Just), *Lexique roman, ou dictionnaire de la langue des troubadours...*, Paris, 6 vol., 1838-1844.

Répertoire des documents nécrologiques français, publié sous la direction de Pierre MAROT par Jean-Loup LEMAITRE, Paris, 1980 (Recueil des historiens de la France. Obituaires, série in-4°, vol. VII). – *Suppléments I-IV*, Paris, 1987, 1992, 2008 et 2020.

INTRODUCTION

I. Les débuts de l'hôpital Saint-Gérald (xiie-xiiie siècles) par dom Jean Becquet OSB (†) [1]

L'histoire hospitalière du Moyen Âge limousin, n'a guère été étudiée jusqu'ici malgré le copieux « inventaire sommaire » qu'Alfred Leroux a publié avec une substantielle introduction en 1884-1887 [2]; la période moderne et l'hôpital général institué en 1660 ont davantage retenu l'attention. Or, c'est le xiie siècle qui est à Saint-Gérald le point de départ de la question, et il en va de cet établissement pour l'hospitalité religieuse comme Aureil pour les chanoines réguliers, de Grandmont pour les fraternités érémitiques ou d'Obazine pour le nouveau monachisme.

Le chroniqueur de Saint-Martial Geoffroy de Vigeois rapporte brièvement [3], un siècle après l'évènement et d'après des on-dit, la destruction de la seule église Saint-Gérald vers 1080 par suite des attaques menées contre Limoges par le comte de Poitiers, et il enchaîne aussitôt sur saint Géraud d'Aurillac, ses visites à Saint-

1. Par dom Jean Becquet OSB (†), étude parue dans *BSAHL*, t. 114 (1987), p. 38-58. – Les additions aux notes de la rédaction initiale sont indiquées par un *. Merci à la Société archéologique et historique du Limousin qui en a permis la réimpression.
2. A. Leroux, *Inventaire sommaire des Archives départementales antérieures à 1789. Haute-Vienne. Série H supplément*, Limoges, 1884-1887.
3. Geoffroi de Vigeois, *Chronique*, I, c. 19-20 ; *narratur* suggère quelque note annalistique plutôt qu'une source orale. Adémar de Chabannes, *Chronique*, éd. J. Chavanon, p. 157 (année 990).* Dom J. Becquet cite Geoffroi de Vigeois d'après l'éd. de Ph. Labbe, *Nova Bibliotheca*, t. II, p. 279-342. Les numéros des chapitres sont identiques dans l'édition de la Société de l'histoire de France (2021).

Martial, ses libéralités envers le chapitre cathédral et ses ennuis avec le lignage des Ragimbert, encore domiciliés partiellement à Vigeois. Il est vraisemblable que Limoges a compté à la fin du xe siècle un lieu de culte dédié à saint Géraud († 909) dont la vie avait été écrite par Odon de Cluny à la demande de l'évêque de Limoges Turpion († 944)[1]; Géraud avait bien été pèlerin de Saint-Martial et, vers 1100, un de ses dévôts donnait à l'abbaye d'Uzerche une lointaine chapelle vouée à son patronage céleste, la Chapelle-Saint-Géraud[2]. Les chroniqueurs de Saint-Martial qui ont utilisé l'œuvre de Geoffroi de Vigeois se sont étonnés de la destruction vers 1080 d'une église qu'ils dataient des débuts de l'hôpital, soit du milieu du XIIe siècle[3], et l'un d'eux se demande même s'il ne s'agirait pas de Saint-Michel de Pistorie dont l'ancien titre abbatial aurait pu provenir d'une fondation du saint chevalier d'Aurillac !

Plus proche des faits, Geffroi de Vigeois rapporte aux années 1156-1158 la mise en chantier de l'hôpital de Saint-Gérald de Limoges en rappelant qu'il y avait là jadis une église dédiée à ce saint confesseur[4]. Les utilisateurs de Geoffroi assigneront à cet évènement la date de 1158 qui peut être retenue comme la plus vraisemblable[5]. On sait en effet que le pape Adrien IV (1154-1159) avait délivré pour Saint-Gérald une bulle de protection apostolique dont le texte est perdu. Or l'évêque de Limoges Gérard II (1139-1177) était bien connu à Rome depuis une élection contestée qui l'avait fait succéder à son oncle Eustorge, ferme soutien du pape Innocent II (1134-1143)

1. BÉNÉDICTINS DE PARIS, *Vie des saints et bienheureux*, t. X, Paris, 1952, p. 413-426 (par dom Jacques Dubois).
2. J.-B. CHAMPEVAL, *Cartulaire de l'abbaye d'Uzerche...*, Paris-Tulle, 1901, n° 516, p. 280.
3. Le ms. Paris BnF, ms. lat. 5452, f. 6r et 66v-67r reproduit vers 1400 pour Saint-Martin de Limoges, et avec les dates de 1087 et 1082, ces mentions empruntées au ms. Paris, BnF lat. 11019, rédigé au XIIIe siècle à Saint-Martial.
4. GEOFFROI DE VIGEOIS, *Chronique*, c. 54 (*inchoatum est*).
5. Cette date est reprise dans une chronique française de Saint-Martial éditée par H. DUPLÈS-AGIER, *Chroniques de Saint-Martial de Limoges*, Paris, 1874, p. 150 et mal rapportée par cet éditeur à l'hôpital de Saint-Martial (p. 55); on la retrouve dans la chronique de Saint-Martin éditée dans le *Recueil des historiens de la France*, t. XII, 2e éd., Paris, 1877, p. 455 B.

contre l'antipape Anaclet[1]. Assurément la protection des hôpitaux était loin de représenter, au second tiers du XIIe siècle, le centième des affaires traitées par la curie, mais celle-ci avait quelque pratique en la matière[2] : ainsi l'hôpital du Latran et sa chapelle avec cimetière pour pèlerins avaient reçu confirmation apostolique en 1105, 1128 et 1138. Saint-Gérald de Limoges figure dans la première vingtaine des bénéficiaires de cette faveur[3].

Le pape Alexandre III était à Sens en 1164 et 1165 lorsqu'il délivra à son tour pour Saint-Gérald une bulle qui ne devait guère différer de celle de son prédécesseur qu'il rappelle[4]. Cette bulle était adressée à Hélie, prêtre de l'église Saint-Gérald et recteur de l'hôpital ainsi qu'à ses frères. À part une exemption de dîmes novales, alors volontiers accordée par la curie aux religieux, l'acte enregistrait surtout les possessions du nouvel établissement : deux églises dont Clédat, l'hôpital d'Ahun, des terrains situés dans Limoges entre la motte et Sainte-Valérie, mais aussi dans les environs[5]. Ces terrains sont indiqués comme acquis par dons et ventes et proviennent dans un ou deux cas d'une famille de viguiers du château, les Audier[6]; ils constituent, en fait, la dotation initiale de l'établissement[7].

1. J. Becquet, « Les évêques de Limoges ».
2. À l'aide des *Regesta* de Jaffe-Loewenfeld (= J. L.) on pourrait signaler, non seulement le Latran (J. L. n° 7903), mais encore en 1137 Roncevaux et Saint-Léonard de Siponto où l'on pratique l'ordre canonial et la règle augustinienne (J. L. n°s 7837 et 7845), l'hôpital de Plaisance confirmé par Eugène III, Anastase IV et Adrien IV (J. L. n° 8956, et Migne, *Patr. lat.*, t. 188, col. 1062 et 1550), etc. La curie s'adresse le plus souvent à une *domus hospitalis* dirigée par un *rector* ou un *magister*.
3. L'Aubrac n'a été approuvé que depuis Alexandre III ; encore la référence à W. Wiederhold, *Papsturkunden in Frankreich*, t. VII, Göttingen, 1913, p. 18 est-elle elliptique jusqu'à la confusion.
4. A. Leroux, *Documents historiques*, t. I, p. 21, d'après l'original *[AD87, H supp. Limoges, 2 A 1].
5. B. Barrière, *Atlas historique des villes de France... Limoges.*
6. L. Guibert, « Tableau historique et topographique de Limoges », dans *BSAHL*, t. 59 (1909), p. 306, n. 1, 314, 318-319, 323.
7. J. Imbert, *Les hôpitaux*, p. 102. On trouverait des exemples d'enregistrement de possessions par la curie de l'époque dans D. Lohrmann, *Kirchengut im nördlichen Frankreich*, Bonn, 1983, p. 94 *sq*.

La bulle d'Alexandre III ne mentionne pas un droit important qui dut être acquis peu après sa délivrance. Promulgué par l'évêque Gérard II, un accord fut passé entre Hélie, prieur de la maison des pauvres de Saint-Gérald et le prieur de Saint-Jean-de-Cole en Périgord au sujet des droits respectifs des églises de Saint-Gérald et de Saint-Cessateur. Saint-Cessateur[1], qui apparaît ici pour la première fois dans les textes écrits conservés, se retrouve avant 1192 avec quatre autres églises limousines, au patronage des chanoines réguliers établis à Cole[2] par l'évêque de Périgueux Raynaud de Thiviers († 1102).

Or, Raynaud de Thiviers, protecteur de Geoffroy du Chalard, était intervenu comme une sorte d'administrateur provisoire du diocèse de Limoges[3] entre 1096 et 1101 : il est possible qu'il ait donné Saint-Cessateur à Saint-Jean-de-Cole dont le prieur, qui avait une église à Périgueux, intervint dans le diocèse limousin en faveur des chanoines réguliers dAureil. À Limoges même, les chanoines réguliers d'Évaux ont acquis avant 1119 l'église Saint-Julien au voisinage septentrional de la Cité, et ils auront également une église près de la Cité de Bourges en 1149[4].

Quoi qu'il en soit d'une politique d'implantation de chanoines réguliers auprès des villes épiscopales d'Aquitaine, Saint-Cessateur apparaît comme la première église paroissiale dotée de fonts baptismaux à Limoges depuis la mention globale de Saint-Pierre-du-Queyroix, Saint-Michel-des-Lions et Sainte-Marie-des-Arènes au concile de 1031[5]. Dans l'accord avec Saint-Cessateur, Saint-Gérald apparaît doté d'un cimetière avec deux terrains adjacents, ce qui constitue une sorte d'enclave dans la paroisse de Saint-Cessateur.

1. C'est un ancien *martyrium* gallo-romain qui reçut la sépulture et le nom d'un évêque de Limoges du VIIIe siècle (J. PERRIER, « Sur les origines de Saint-Cessateur à Limoges », dans *BSAHL*, t. 95 [1968], p. 131-136).

2. J. BECQUET, « Chanoines réguliers en Limousin au XIIe siècle : sanctuaires régularisés et dépendances étrangères », dans *BSAHL*, t. 101 (1974), p. 89-90. *Réimpr. dans ID., *Vie canoniale en France aux Xe-XIIe siècles*, Londres, 1985 (VIII).

3. J. BECQUET, « Un acte de l'évêque Pierre de Limoges (1101) », dans *BSAHL*, t. 112 (1985), p. 14-19.

4. J. BECQUET, « Chanoines réguliers en Limousin... », p. 68-76.

5. Texte cité par M. AUBRUN, *L'ancien diocèse de Limoges des origines au milieu du XIe siècle*, Clermont-Ferrand, 1981, p. 392-393.

C'est évidemment Gérard II qui a reconnu cette enclave et c'est lui qui a établi l'alternance paroissiale annuelle pour les habitants de cette enclave et le partage des profits casuels avec Saint-Cessateur[1]. Avant de mourir en 1177, l'évêque devait encore donner une rente de seigle à cette maison des pauvres de Limoges[2], laquelle tout comme les frères de Grandmont[3], lui était grandement redevable d'une recommandation initiale auprès du Siège Apostolique.

Les constructions prévues pour Saint-Gérald devaient avoir une certaine importance car c'est seulement le successeur de Gérard II, Sébrand Chabot, qui fit en 1180 la consécration de l'église nouvelle en compagnie de l'évêque de Cahors, un neveu de l'évêque défunt[4]. Mais en 1182, Geoffroi de Vigeois put voir[5], au cours des luttes entre Plantagenêts, les bourgeois du Château faire du verger de Saint-Martial un glacis de défense; des églises gênantes comme Sainte-Marie-des-Arènes, Saint-Gérald, Sainte-Valérie, ou exposées aux aléas militaires comme Saint-Maurice ou Saint-Symphorien, furent détruites. S'ils étaient de construction plus légère que leur église, les bâtiments de l'hôpital durent être les plus éprouvés.

Il était donc bien utile de faire renouveler par le nouveau pape Lucius III, dans une confirmation mise à jour, les droits acquis depuis les débuts de l'établissement : c'est ce que fait une bulle de 1184 qu'il adresse à Hélie, prieur de la maison d'aumônerie Saint-Gérald et à ses frères qui professent la vie régulière[6]. Sans faire référence

1. Gérard II sait énoncer clairement ses droits en la matière, comme on le voit, cf. J. Becquet, « Les évêques », p. 132 (Vitrac), 137 (Sal), et l'acte pour la Malaise dans F. Arbellot, *Chronique de Maleu chanoine de Saint-Junien mort en 1322*, p. 57-58. Sur le partage des revenus casuels en cas de création d'un nouveau ressort paroissial, voir J. Becquet, *Paroisses et paroissiens en Limousin au XIIIe siècle*, p. 128 *sq*.

2. A. Leroux, *Documents historiques*, p. 167-168; J. Becquet, « La prévôté épiscopale de La Jonchère (Haute-Vienne) à la fin du XIIe siècle », dans *BSAHL*, t. 113 (1986), p. 152.

3. J. Becquet, « Le bullaire du Limousin », p. 136, n° 78, cf. n° 76.

4. *Chroniques de Saint-Martial*, p. 60; et J. Becquet, « Les évêques », p. 21-40.

5. Geoffroi de Vigeois, *Chronique*, II, c. 7 repris et augmenté par les *Chroniques de Saint-Martial*, p. 61.

6. A. Leroux, *Documents historiques*, p. 264-267, d'après l'original *[ADHV, H supp. Limoges, 2 A 1].

à ses prédécesseurs ni entrer dans le détail des possessions urbaines immédiates de Saint-Gérald, le pape lui reconnaît la possession des églises du Palais et de Clédat, deux chapelles et divers biens dont un mas donné par l'abbé et le convent de Saint-Martial avant 1174, ainsi qu'une borderie donnée par le prévôt et les chanoines de Saint-Junien. Le pape approuve l'accord fait avec Saint-Cessateur selon les dispositions de Gérard II. Il permet l'admission de nouveaux religieux, clercs ou laïcs, accorde le droit de célébrer discrètement en temps d'interdit général et aussi le droit d'admettre à la sépulture dans le cimetière les membres du groupe (*familia*) et les pèlerins. Rien de tout cela n'est exceptionnel, et même pas l'absence de précision augustinienne quant au genre de vie religieuse ; les premiers hôpitaux ne la demandaient pas plus au XIIe siècle que les premiers chanoines réguliers au XIe siècle [1].

On avait dû porter remède aux destructions de 1182 puisque, lors de la grande famine de 1202, il mourait à Saint-Gérald plus de soixante pauvres en un jour, s'il faut en croire le chroniqueur de Saint-Martial [2]. Au reste, une des chances de Saint-Gérald semble avoir été, avec la confirmation apostolique, l'activité et le zèle du prieur Hélie qui présida à son essor pendant plus de trente ans. Dès 1183, il ne craignait pas d'acquérir des cisterciens d'Aubignac la chapelle du Dognon contre la fourniture annuelle d'une livre d'encens qu'il lui était plus facile qu'à ses partenaires d'acheter à Limoges [3]. C'est encore Hélie qui racheta au desservant de Nieul les droits paroissiaux qui grevaient sa fondation du Puy-Dieu contre douze deniers par an et une poule par maison, sauf la maison des frères [4] ; c'est lui qui reçut la borderie des chanoines

1. J. Imbert, *Les hôpitaux*, p. 266 ; le caractère religieux des premières communautés hospitalières est visible dans L. Le Grand, *Statuts d'hôtels-Dieu*, p. 19, n° 10 et p. 26, n° 19. Pour les chanoines réguliers, *v.* M. Dortel-Claudot, « Origines du terme "clercs réguliers" », dans *Ius populi. Miscellanea R. Bidagor*, t. II, Rome, 1972, p. 307-326, ou Ch. Dereine, « Vie commune, règle de saint Augustin et chanoines réguliers au XIe siècle », dans *Revue d'histoire ecclésiastique*, t. 41 (1946), p. 365-406. En se réclamant de cette règle dès 1158 les artigiens voulaient sans doute se démarquer des grandmontains.
2. En 1235, c'était la centaine journalière d'après Gérard de Frachet (*Recueil des historiens de la France*, vol. XX, Paris, 1811, p. 4 A et 800 F).
3. A. Leroux, *Chartes, chroniques et mémoriaux*, p. 58, n° LXII.
4. J. Nadaud, « Pouillé », p. 146-147.

de Saint-Junien contre trois sols de cens payables à la Saint-Géraud[1]. À moins qu'il n'y ait eu deux Hélie prieurs, on retiendra enfin qu'il a fait passer son hôpital à la vie religieuse régulière, comme on peut le déceler à son titre initial de prêtre et recteur. On ne peut toutefois que lui attribuer par conjectures les renouvellements de la bulle de Lucius III par Urbain III (1185-1187) et Célestin III (1191-1198), renouvellement connus par la bulle d'Honorius III.

C'est à un prieur Martin qu'est cette fois, adressée cette bulle d'Honorius III en date de 1217[2]. D'après le texte, Saint-Gérald a désormais sous sa dépendance neuf hôpitaux ou maisons d'aumônerie ayant chacun une église ou chapelle, mais l'église du Palais semble avoir été cédée contre une rente aux Templiers locaux. Aux terrains et vignes des deux Limoges, Saint-Gérald a ajouté des maisons, des vignes et un pressoir à Aixe. L'exemption des novales est renouvelée avec précision et élargie jusqu'à celle des dîmes dues aux laïcs. Le patrimoine commun est protégé contre toute aliénation ou engagement imprudent par l'affirmation du droit de contrôle d'un chapitre dont les membres n'ont rien en propre et ne peuvent donc tester. L'autonomie de l'établissement est encore renforcée par la liberté d'admission des nouveaux membres et la liberté d'élection du prieur, sauf avis de l'évêque. Aux clauses banales sur le chrême, les consécrations et ordinations s'en ajoute une autre qui l'est moins et garantit contre toute installation d'église ou d'oratoire sur le territoire des églises possédées par Saint-Gérald[3]. Surtout, le pape élargit le droit de sépulture de la

1. *Chronique de Maleu*, p. 52-53; une fête patronale attirait les fidèles à la messe et donc leurs offrandes en numéraire, ou bien quelques chanoines de Saint-Junien pouvaient être invités à la fête. – Maleu ajoute sur la fondation de Saint-Gérald, des considérations dénuées de fondement documentaire, un peu comme il fait à propos du rôle de Raymond de Thiviers dans le diocèse de Limoges (p. 40); il est suivi par Bonaventure de Saint-Amable, *Histoire de saint Martial*, t. III, Limoges, 1685, p. 486.

2. A. Leroux, *Documents historiques*, p. 265-268. Honorius III délivre pour Grandmont en 1217 une série de bulles qui allaient aboutir au grand privilège de l'Ordre promulgué en 1219 (J. Becquet, *Recherches sur les institutions religieuses de l'Ordre de Grandmont*).

3. Cette faveur était généralement accordée aux monastères qui avaient des dépendances importantes en nombre et donc assez éloignées, tel Tulle qui en avait plus de 70 (J. Becquet, « Le bullaire du Limousin », n° 118, cf. 67).

maison de Limoges où, dit-il, il est reconnu qu'une communauté de frères assure le service divin[1] : comme dans les grands monastères, tous ceux qui le désirent pourront y être enterrés.

Cette bulle importante plaçait donc Saint-Gérald à la tête d'une petite congrégation hospitalière diocésaine dont l'organisation interne nous échappe en bonne partie. Or, l'église, consacrée en 1180 et détruite en 1182 n'avait pas été reconstruite : un autel avait été dressé dans le nouvel hôpital et l'on demanda au pape la permission d'y faire le service divin. En 1223, Honorius III renvoyait l'affaire à l'évêque diocésain[2] qui, devant les atermoiements du prieur de Cole et du desservant de Saint-Cessateur, leur fit signifier par son official qu'il acceptait la requête de Saint-Gérald. Un compromis par arbitrage termina l'affaire[3] : en 1226 le prieur de Saint-Gérald renonçait à tout droit paroissial sur son enclave au profit de Saint-Cessateur, mais il se voyait reconnaître l'existence de l'oratoire nouvellement construit à l'hôpital avec les profits afférents, outre un versement annuel de douze sous.

Trois actes jettent encore quelque lumière sur les débuts de la petite congrégation géraldienne. En 1224, les deux frères Gilles et Bernard d'Arfeuille se donnaient avec leurs descendants comme hommes-liges au prieur et à la maison des pauvres de Saint-Gérald[4]. Le prieur les envoya à la maison de Clédat avec tous leurs biens meubles : vivres, vêtements, cheptel et outils qui s'ajouteraient à ceux du lieu pour leur entretien et celui du personnel qu'il enverrait de Saint-Gérald, savoir un prêtre, un clerc et une dame (*domina*). On précise la situation de ce personnel : le prêtre a la direction et la préséance, ce qui comporte certains avantages matériels, puis viennent les clercs et la dame. Le prêtre doit gérer avec l'avis de tous, et personne n'a rien en propre ; les profits venus à la chapelle du fait de ses ressortissants sont acquis à la maison. Le prieur de Saint-Gérald a droit à un accueil convenable et

1. Il y a dans ce service organisé un indice de prospérité hospitalière, comme le fait finement remarquer Jean Imbert, *Les hôpitaux*, p. 265.

2. A. Leroux, *Documents historiques...*, p. 269-270 *[ADHV, H Sup. Limoges, 2 C 1]. L'église des Arènes, détruite comme Saint-Gérald en 1182, fait consacrer un autel en 1219 (*Chroniques de Saint-Martial*, p. 196).

3. *Voir la pièce justificative n° II, dans *BSAHL*, t. 114 (1987), p. 54-56.

4. A. Leroux, *Chartes, chroniques et mémoriaux*, p. 69-71, n° LXXIV.

à une gratification annuelle pour sa propre maison. L'acte est délivré par l'official de Limoges et le prieur Jehan, en présence du desservant et du cellérier de Saint-Gérald, outre trois prêtres, deux diacres, deux sous-diacres et un laïc qui constituent sans doute le noyau cultuel de la maison-mère.

En 1229, Saint-Gérald rachetait aux moines de Saint-Augustin ses droits sur le Pré-Comtal situé au-delà du pont Saint-Martial[1]. Or, un certain Aimeri Lagorce avait construit là une maison d'aumônerie, tout auprès de la récente installation des frères prêcheurs (1224), et le préchantre de la cathédrale, Hélie, avait fait à cette maison une rente sur son clos tout proche[2]. On ne sait pourquoi l'évêque de Limoges Gui (1226-1235) avait dû excommunier Aimeri Lagorce, qui vint à résipiscence et, en 1222, l'évêque[3] donna la maison à Saint-Gérald avec le plein accord d'Aimeri ; au reste, on voit qu'en 1237 celui-ci est devenu « hôtelier » ou recteur de l'hôpital du pont Saint-Martial[4], peu avant que les Prêcheurs ne quittent les lieux pour se rapprocher du Château. D'autre part, avant 1229, Saint-Gérald était pourvu de deux confréries déjà[5].

On aura remarqué qu'au XIIe siècle Saint-Gérald est le plus souvent appelé église ou maison des pauvres, sauf dans la bulle d'Alexandre III et dans la chronique de Geoffroi de Vigeois[6] : là, il est parlé d'hôpital. De même les filiales sont dites maisons et sont toutes jumelées avec une église ou chapelle, sauf la dernière acquisition du pont Saint-Martial

1. ADHV, H Sup. Limoges, B 279.
2. A. Leroux, *Documents historiques...*, p. 165. J. Becquet, « Le préchantre Hélie et les chroniques de la cathédrale de Limoges au XIIIe siècle », dans *BSAHL*, t. 110 (1983), p. 89-101.
3. Gui de Clausel avait jadis, comme archidiacre et titulaire de l'église de Nieul, conclu l'accord avec le Puy-Dieu.
4. A. Leroux, *Chartes, chroniques et mémoriaux*, p. 74-76, n° LXXVIII.
5. A. Leroux, *Inventaire sommaire...*, p. XVI.
6. Geoffroi de Vigeois, *Chronique*, c. 74, parle aussi, dans un style assez soutenu des *coenobia* et des *hospitia* où vont (*petunt*) les chevaliers convertis ; un peu plus haut, le second terme désigne l'asile que la maison des grands seigneurs offre à leur clientèle féodale. C'est le même terme qu'emploie le coutumier de Grandmont à la même époque (J. Becquet, *Scriptores ordinis Grandimontensis*, Turnhout, 1968, p. 524, cf. 85-86, 98).

qui tire origine d'une initiative individuelle. Pour mieux dégager l'originalité de Saint-Gérald, on doit examiner deux établissements tout proches dans le temps et dans l'espace : l'aumônerie de Saint-Martial et la maison-Dieu des lépreux de la Madeleine.

La règle bénédictine suivie à Saint-Martial ne prévoit que l'accueil des hôtes et des pèlerins dans un local *ad hoc* par un responsable désigné et les aumônes éventuelles aux pauvres par le portier[1]. Les moines du riche sanctuaire avaient au XIIe siècle à la fois un hôtelier (*hospitalarius*) et un ou plusieurs aumôniers, sans compter le préposé aux vieux vêtements destinés aux pauvres par la règle bénédictine[2]. Dès la fin du XIe siècle, l'aumônier de Saint-Martial avait des revenus assez importants pour avoir laissé jusqu'à nous deux cartulaires d'époque ; le second cartulaire s'ouvre par une sorte de mémento des droits de la charge qui nous éclaire sur son fonctionnement[3] :

« C'est l'usage pour l'aumônier de recevoir du chevecier le samedi deux sous, dont on affectait deux deniers aux lépreux, un denier au [sous]-aumônier laïc et le reste à l'usage des pauvres. Chaque jour on doit fournir du cellier quatre setiers de vin... On donne également, dans la maison des malades à l'aumônier qui prend soin d'eux, chaque mois, deux setiers de grain. Si l'un meurt, le chevecier donnera un pain avec un setier de vin et une chandelle pour la veillée... Si l'abbé fait la fouille de la communauté[4], si l'on trouve mille sous, on donnera cinquante sous au profit des pauvres... »

Haec sunt constitutiones helemosinaris beati Martialis.

1. *Mos est helemosinatoris omni abbato a capicerio duos solidos accipere, ex quibus duos denarios imputabantur leprosis et unum denarium ad helemosinario laico, alias vero ad usus pauperum. Omnibus diebus quoque ex cellario reddendi sunt IIII^or^ sextarii vini... Dantur quoque in domo infirmorum helemosinatori qui eorum curam agitur, omni mense duos sextarios annona. Si aliquis vero defunctus fuerit, unus panis dandus est cum I sestario de vino; et I denarius a capicerio et candela ad vigiliam ipsius... Si conventus ab abbate perscrutetur, si mille fuerunt inventi solidi, L solidi ad usus pauperum dentur*[5]...

1. *Règle de saint Benoît*, chap. LIII et LXVI, cf. LV.
2. *Chroniques de Saint-Martial*, p. 247, 250, 258.
3. A. LEROUX, *Documents historiques*, t. II, p. 1-25. Ce mémento désigne le titulaire par le néologisme pompeux d'*helemosinator*, reservant à son aide laïc le terme usuel d'*helemosinarius*.
4. *Règle de saint Benoît*, chap. LV. À la fin du XIIe siècle, les miniatures de l'*Hortus deliciarum* d'Herrade de Landsberg montrent dans la constitution d'un « magot » le grand danger spirituel de la vie monastique.
5. A. LEROUX, *Documents historiques*, t. II, p. 18.

On voit donc que l'aumônerie de Saint-Martial avait en charge des pauvres dont certains étaient assez malades pour mourir, et aussi des lépreux. Le local nécessaire est bien attesté, mais ne pouvait évidemment suffire en cas de distribution à des centaines de pauvres, auquel cas la distribution était étendue la boulangerie[1]. Sous l'abbé Hugues de Brosse (1198-1214), ce local connu sous le nom de maison de l'aumônerie, abritait quarante malades impotents, aveugles et boiteux[2]. Or la chronique de l'abbaye mentionne à propos de l'aumônier Guillaume Chauchagrue (v. 1218-1223) la construction de l'hôpital des pauvres de Saint-Martial[3]; il ne peut guère s'agir que de la reconstruction ou de l'agrandissement de la maison des pauvres, achevée en 1214[4]. Comme bien l'on pense, l'affluence des pauvres était moins grande autour d'un monastère moyen comme Aureil où, dans le même temps, les pauvres pouvaient passer la nuit dans une petite aumônerie tenue par deux domestiques[5].

Bien située à la patte d'oie au nord-est de Limoges et bien étudiée par Louis Guibert, la Madeleine est toujours désignée comme maison-Dieu des lépreux avec un prieur, mais seulement à partir de 1206 et déjà assortie d'une confrérie du Saint-Esprit[6]. Une église y est attestée en 1224 et son desservant (*capellanus*) l'est depuis 1207[7]. En 1240 le prieur ou recteur, gravement malade, désignait son successeur selon

1. *Chroniques de Saint-Martial*, p. 15, cf. *BSAHL*, t. 42 (1894), p. 337 et 339.
2. C. Rivain, *Documents*, dans *BSAHL*, t. 25 (1877), p. 402-403.
3. *Chroniques de Saint-Martial*, p. 257, cf. 258 et 273. A. Leroux, trompé par une erreur de Duplès-Agier confond l'infirmerie des moines et cet hôpital dans son *Inventaire sommaire*, p. xiii.
4. *Chroniques de Saint-Martial*, p. 80. A. Leroux l'a cru brûlé à cette date, confondant *consumitur* et *consummatur* ; les cinq mille sous de son coût devaient provenir en partie des sommes recueillies par l'abbé Hugues de Brosse après sa mise en chantier – à quelle date ? – par Lucie de Saint-Hilaire.
5. J. Becquet, « Le coutumier des chanoines réguliers d'Aureil en Limousin au xiiie siècle », dans *BSAHL*, t. 91 (1964), p. 26; la maison et le jardin des malades (*BSAHL*, t. 48 [1900], p. 31 et 45-46) désignent peut-être une petite maison-Dieu d'un faubourg de Saint-Léonard où l'on ne connaît que des distributions aux pauvres vers 1300 (*BSAHL*, t. 90 [1963], p. 95). Sur les distributions funéraires, *v.* J. Becquet, *Paroisses et paroissiens*, p. 371.
6. L. Guibert, « Les lépreux et les léproseries de Limoges », p. 55.
7. *Chroniques de Saint-Martial*, p. 117-118 et A. Leroux, *Documents historiques*, t. I, p. 157, n° XXXIX.

l'usage local au choix des malades et des donnés, choix que devait ratifier l'évêque ; l'élu recevait le serment de fidélité de tous, y compris les sœurs, le desservant et deux ou trois clercs de la maison [1].

Mais déjà vers 1217 cette maison-Dieu, appelée parfois « du Château » [2], devait se défendre de l'ingérence des bourgeois de ce même Château en se réclamant de l'évêque Gérard II comme fondateur et de ses successeurs comme supérieurs. Ce recours n'était-il qu'un subterfuge facilité par un rapprochement avec la situation de Saint-Gérald ? Une autre explication vient à l'esprit si l'on songe que, d'une part il y avait des lépreux à l'aumônerie de Saint-Martial dès le cartulaire des XIe-XIIe siècles, mais qu'ils en sont visiblement absents sous l'abbé Hugues de Brosse, vers 1200, et que, d'autre part, on n'a jamais signalé de lépreux à Saint-Gérald. N'aurait-on pas, dans le troisième quart du XIIe siècle, spécialisé la Madeleine dans l'accueil des lépreux de Limoges avec intervention des bourgeois et appui de l'évêque Gérard II, seul qualifié pour y établir une église ? On sait que le nombre des lépreux s'est accru un peu partout au XIIe siècle et l'on voit dès 1108-1124 un archevêque de Sens les éloigner de sa ville épiscopale [3] ; à Limoges même, au concile de 1182, ils sont tenus à part dans la procession de pénitence où l'on fait figurer les pauvres à Saint-Martial [4]. La situation originelle des autres léproseries de Limoges est trop obscure pour que l'on puisse y trouver quelque lumière ; Saint-Jacques-des-Arènes et Saint-Jacques-des-Casseaux sont signalés vers 1200 sans plus de référence que n'en a la maison des pauvres de Montjovis vers 1180 [5].

On conclura par un simple coup d'œil sur les personnes et les lieux de la petite congrégation géraldienne au XIIIe siècle. L'évêque Gérard II

1. L. Guibert, « Les lépreux », note 53 et pièce IV.
2. A. Leroux, *Chartes chroniques et mémoriaux*, p. 65-66, n° LXX et *Documents historiques*, t. I, p. 157, 168-169, 172-173.
3. J. Imbert, *Les hôpitaux*, p. 152.
4. Geoffroi de Vigeois, *Chronique*, c. 72 [12] (*etiam leprosi*).
5. J. Nadaud, « Pouillé », p. 186-187 ; pour les Casseaux voir L. Guibert, « Les lépreux et les léproseries de Limoges », p. 42-47.

a-t-il voulu remédier à une certaine carence hospitalière de la Cité[1] face à des besoins croissants ? C'est possible. Il disposait au départ d'une église libre à laquelle il était possible d'ajouter un cimetière[2], si elle n'en avait pas, et un hôpital, pour en faire un complexe de type connu à la curie romaine. Dans les nouveaux locaux, une direction cléricale légère, de type également courant à Grandmont et à l'Artige, pouvait recevoir des pauvres malades et aussi des bien portants qui se donnaient comme on se donnait aux monastères.

À partir du modèle de Saint-Gérald, il était loisible à un prieur entreprenant de constituer une série. Il semble que l'évêque ait commencé par ajouter ce qu'il avait sous la main en Limousin à la dotation limougeaude : l'aumônerie d'Ahun, la lointaine église de Clédat et celle de Saint-Pierre-la-Montagne, récupérée sur les chanoines d'Aureil au voisinage de la prévôté épiscopale de la Jonchère, l'emplacement du Puy-Dieu sur la paroisse épiscopale de Nieul... Saint-Pierre passera bientôt au chapitre cathédral et le Puy-Dieu disparaîtra sans avoir eu d'église. En 1184, l'église du Palais remplace Clédat dans la confirmation apostolique, mais elle est vite cédée aux Templiers, alors que Clédat est l'objet d'une remise en état au début du XIIIe siècle. En 1217, le couple chapelle-maison se retrouve non seulement pour Clédat, mais pour Cheria et le Dognon qui n'avaient qu'une église ou chapelle en 1184; on le retrouve dans les installations nouvelles que sont alors Bort, Lagarde, Pradines qui juxte probalement Clédat, et Vernaclauze qu'on n'a pu localiser.

Quant au personnel subalterne, il est plus difficile d'en apercevoir le statut. Il y a trois frères au Puy-Dieu en 1195, mais avant leur témoignage et après celui du prêtre qui semble à la tête de la maison, on invoque le témoignage de trois laïcs qui sont probablement

1. D'après les principes carolingiens, les grandes églises, cathédrales en premier lieu, devaient avoir un hôpital pour les pauvres (J. Imbert, *Les hôpitaux*, p. 38-39) ; celui de la Cité de Limoges n'a guère laissé de traces.

2. Les filiales ont pu rencontrer plus de difficultés, comme en témoigne le cas des chanoines réguliers de Sagnemoussouze en 1163 (A. Leroux, *Chartes*..., p. 53-54, n° LVII), mais ne pouvaient se passer de cimetière; le concile de Latran en 1179 le rappelle pour les lépreux (J. Imbert, *Les hôpitaux*, p. 99, et J. Avril, « Le IIIe concile du Latran, et les communautés de lépreux », dans *Revue Mabillon*, t. 60 [1980-1984], p. 28-30).

les habitants des maisons mises en cause par le droit paroissial de Nieul : ces laïcs sont-ils des malades ou des auxiliaires bénévoles, des « donnés » ? Les deux frères d'Aigrefeuille expédiés à Clédat en 1224 avec leur outillage ne sont ni des malades ni des religieux : leur titre d'homme-lige n'est-il alors qu'une étiquette significative à propos d'une banale donation de soi [1] ? La même année 1224, les époux qui se donnent à Saint-Gérald [2] avec leurs biens, alors qu'ils ont un fils outre-mer, veulent peut-être tout simplement y finir leurs jours. Quant à la dame prévue pour Clédat, on devait retrouver ses pareilles dans les autres filiales, puisque les femmes enceintes étaient normalement bien reçues dans les maisons des pauvres au Moyen Âge [3].

Les dernières acquisitions de Saint-Gérald sont plus rares dans le cours du XIIIe siècle : Donzenac sur la route des pèlerins vers le sud, Lagudet et la Mongerie regroupés près de Lagarde. L'archevêque de Bourges, Simon de Beaulieu, qui visite le diocèse limousin à la fin du siècle, ignore Saint-Gérald, alors qu'il visite les chanoines réguliers de Saint-André de Limoges [4] : on sait que les hôpitaux étaient très généralement exempts des droits de procuration épiscopale [5]. Pourtant, au début du XIVe siècle, Saint-Gérald est inscrit à ce titre pour 9 livres, autant que Saint-Pierre-du-Queyroix et Saint-Michel-des-Lions, presque autant que la Règle [6] ! Il y a peut-être là un lointain et coûteux indice des initiatives de Gérard II.

1. Sur le vocabulaire des liens réels ou personnels, voir A. Debord, *La société laïque dans les pays de la Charente, X^e^-XIIe siècle*, Paris, 1984, p. 254-255. On pense aussi aux *afevati* d'Aureil à la même époque (J. Becquet, « Le coutumier des chanoines réguliers d'Aureil », p. 82, n° 32).
2. *ADHV H SUP Limoges, 2 B 3, *éd. J. Becquet , « Les débuts de l'hôpital Saint-Gérald », p. 56, pièce just. III. J. Imbert, *Les hôpitaux*, p. 371, fait de judicieuses remarques sur les donnés des hôpitaux, dont le statut a dû se codifier progressivement. Sur la donation de soi aux églises et aux monastères, voir aussi J. Becquet, *Paroisses et paroissiens*, p. 336.
3. J. Imbert, *Les hôpitaux*, p. 125, 127.
4. Ét. Baluze, *Miscellaneorum liber quartus*, Paris, 1683, p. 273-302. *Voir aussi J.-L. Lemaitre, « La visite des monastères limousins par Simon de Beaulieu en 1285 », dans *Revue bénédictine*, t. 114 (2004), p. 158-178.
5. J. Imbert, *Les hôpitaux*, p. 90.
6. *Pouillés de la province de Bourges*, p. 512.

Remarquons finalement qu'avec un demi-siècle d'avance sur Saint-Gérald, grandmontains et artigiens réunis avaient au XIIIe siècle quatre fois plus de maisons en Limousin que notre petite congrégation hospitalière : eux se contentaient de l'assistance envers les pauvres de passage et ne recevaient même pas les mourants à la profession.

ANNEXE

Les dépendances de Saint-Gérald de Limoges

AHUN, Saint-Jean de las Fonts. – Creuse, c^{on} et c^{ne} d'Ahun (J. NADAUD, « Pouillé », p. 273). Prieuré-cure au XVIe siècle (*Pouillés*, p. 521 D).

BORT. – Corrèze, c^{on} de Seilhac, c^{ne} de Saint-Salvadour (J. NADAUD, « Pouillé », p. 582. J.-B. POULBRIÈRE, *Dictionnaire*, t. III, p. 333-334/2e éd. p. 283-284).

CHÉRIA. – J. NADAUD, « Pouillé », p. 581, la verrait sur la paroisse de Meilhards, Corrèze, c^{on} d'Uzerche, et J.-B. POULBRIÈRE, *Dictionnaire*, t. II, p. 207/ 2e éd., p. 184.

CLÉDAT. – Corrèze, c^{on} de Bugeat, c^{ne} de Grandsaigne (J. NADAUD, « Pouillé», p. 671 ; J.-B. POULBRIÈRE, *Dictionnaire*, t. I, p. 538-539/2e éd. p. 477-478). Prieuré au début du XVIe siècle (*Pouillés*, p. 519 C).

DONZENAC. – Corrèze, ch.-l. de c^{on}. L'Hôpital d'en bas (J. NADAUD, « Pouillé », p. 563).

LE DOGNON, Sainte-Croix. – Ancienne paroisse Saint-Étienne de Versilhat, passé à la c^{ne} de Bazelat, Creuse, c^{on} de la Souterraine (J. NADAUD, « Pouillé », p. 361. A. LECLER, *Dictionnaire... de la Creuse*, p. 582). Prieuré au XVIe siècle (*Pouillés*, p. 521 A).

FREYSSINET. – Haute-Vienne, c^{on} de Nexon, c^{ne} de Saint-Priest-Ligoure (J. NADAUD, « Pouillé », p. 653 pour l'église paroissiale). La carte de l'IGN indique un lieu-dit « l'Hôpital » que sa situation par rapport à Freyssinet fait préférer à la Chapelle-hors-le-Bois, ou Maldant, c^{ne} de Château-Chervix, c^{on} de Saint-Germain-les-Belles (J. NADAUD, « Pouillé », p. 646) ; d'après des témoignages oraux recueillis près de ce village quasi deserté une pierre tombale (?) y aurait été affectée à une chapelle de château à Freyssinet.

LAGARDE. – Haute-Vienne, c^{on} de Nantiat, c^{ne} de Roussac (J. NADAUD, « Pouillé », p. 384).

LAGUDET. – Haute-Vienne, c^on^ de Bellac, c^ne^ de Saint-Junien-les-Combes (J. NADAUD, « Pouillé », p. 259 ; A. LECLER, *Dictionnaire... de la Haute-Vienne*, p. 659, avec le titre de Saint-Thomas de Cantorbéry et les dimensions de l'église).

LA MONGERIE. – Haute-Vienne, c^on^ de Nantiat, c^ne^ de Compreignac (J. NADAUD, « Pouillé », p. 377, qui n'évite pas certaines confusions de vocable avec le Dognon, non plus que A. LECLER, *Dictionnaire... de la Haute-Vienne*, p. 236).

LE PALAIS. – Haute-Vienne, c^on^ de Limoges, c^ne^ du Palais-sur-Vienne (J. NADAUD, « Pouillé », p. 314).

PRADINES. – Corrèze, c^on^ de Bugeat (J.-B. POULBRIÈRE, *Dictionnaire*, t. II, p. 476/2e éd. t. II, p. 413-415, d'après le simple voisinage de Clédat).

PUY-DIEU. – Haute-Vienne, c^on^ de Nieul, c^ne^ de Peyrilhac (A. LECLER, *Dictionnaire... de la Haute-Vienne*, p. 555, alors que J. NADAUD, « Pouillé », p. 146 la rapporte à Limoges et qu'il y a qu'un Mas-du-Puy, *ibid.* p. 516 sur la c^ne^ de Nieul).

SAINT-PIERRE-LA-MONTAGNE. – Haute-Vienne, c^on^ de Laurière, c^ne^ de Saint-Léger-la-Montagne. Dans le rôle des procurations du diocèse, vers 1315, *la Montana* ne désigne que les deux paroisses de Saint-Léger et de Saint-Pierre qui sont toutes deux du patronage du chapitre cathédral (*Pouillés*, p. 505). Comme la seconde a fait l'objet d'une transaction de l'évêque Gérard II avec Aureil pour une moitié, elle semble préférable comme objet de donation de l'évêque à Saint-Gérald (*BSAHL*, t. 48 [1900], p. 379).

VERNACLAUZE. – Non identifié, le Clos-Saint-Gérald à Aixe-sur-Vienne pouvant s'expliquer par un ancien domaine de vignobles.

II. Saint-Gérald, de la fin du Moyen Âge au XVIe siècle

L'histoire de Saint-Gérald présente une certaine ambiguïté, comme l'a montré dom Becquet pour ses origines. Reprenons le texte des *Annales manuscrites*. Les quelques mentions de Saint-Gérald qui y figurent évoquent avant tout le prieuré…

« Après de décedz de l'évesque Eustorgius, il y eust discorde, pour la nomination, entre les chanoines. Une partie desquelz nommèrent Amblard, abbé de Sainct-Martial, et l'autre partie nommèrent Gérald, nepveu dudit Eustorgius, lequel estoit doyen de Sainct Iryers; parquoy y eust grand procès entre les esleus tant à Bourges qu'en cour de Rome. Finallement apprès que Gérard se fust purgé que, pour avoir esté esleu, il n'avoit donné ny promis aucune chose, fust par le pape ordonné prestre et consacré évesque. Lequel fust fort riche et libéral aux pauvres, et fonda le prioré conventuel de Sainct Gérald lez les murs de la ville de Limoges, l'an 1158. Lequel prioré estoit grandement bien basti et y avoit belle église, le tout ayant été démoly causant les guerres. A présant la nomination du prioré est royalle; les religeux apelés de Chancellade occupent la place des antiens moynes qui estoient audit prioré, comme dict est ci aprés. » (p. 150-151).

Les *Annales* reviennent sur la fondation quelques pages plus loin :

« L'an 1158, l'evesque de Lymoges, fist édifier le prioré conventuel du Saint-Gérald aveq son hôpital; mais après causant les guerres de Lymoges et par antiquité de temps, tout vint en ruyne. Toutefois [fust] rebasti de nostre temps par messire Martial Benoist, vicaire général et official de l'evesché, archidiacre de Lymoges, et chanoine de Saint Estienne et prieur de Sainct-Gérald[1]. » (p. 154).

L'hôpital est à nouveau mentionné à l'occasion des guerres entre Henri II et son fils Henri le Jeune,

« Pour lesquelles faire [les murailles] firent abbattre plusieurs maisons et pressoirs hors la ville, avec les églises de Notre-Dame des Arrennes, le couvent, église et hospital de Sainct-Gérald, l'église Sainct-Maurice aveq la tour et clocher Saint-Martin, ensemble les cloistres et dortoirs… » (p. 164).

Puis on fait un saut dans le temps, jusqu'en 1666, avec la liste des reliques conservée dans les églises de Limoges :

« Dans l'église du prioré de Saint-Gérald.

1. Mort en 1565.

Dans un bras d'argent, un os du bras de saint Gérald.

Dans un autre bras d'argent, un os de saint Fortunat, martyr.

Dans un image de la Vierge, d'argent, un vertèbre de saint Cessateur.

Dans un petit reliquère d'argent doré, un os de saint Simphorien et un de saint Gérard.

Dans une petite châsse de cuivre esmaillé, des os du bras de saint Anthoine, de saint Christophe, de l'espaule de saint Blaise, de saint Denis et de saint Laurans.

Dans un petit coffret, une coste et joincture du bras de saint Jean, martyr.

Une coste, plus un os de la nuque de saint Maximin, martyr.

Du suaire des saints martyrs thébains.

Le cœur de saint François de Salles, dans un taffetas. » (p. 263-264).

L'on revient aux premières années du XVIe siècle :

« L'an 1512, à cause du passage des Anglois, il fust fait assemblée et monstre généralle à Saint Gérald et ez Jacobins entrant par Manigne et sortans par Boucherie. Les villageois estoient les permiers, en nombre de 3 à 4 cens, bastons longtz à pointes de fer, et 500 arquebusiers... » (p. 316-317).

Puis c'est en 1555 avec la venue du roi et de la reine de Navarre :

« Auquel jour partirent ledsdits roy et royne et vindrent loger au prioré Saint-Gérald. Le 22 décembre [...] et partant sur les dix à 12 heures, prindrent le chemin de la Croix Mandonnaud, près Saint-Gérald, où se trouvèrent les gens d'église et enfants d'honneur prestz à marccher pour procéder au fait de cette réception. » (p. 335).

Les *Annales* évoquent à nouveau l'hôpital à propos d'une procession le mardi de Pâques 1562, où une pierre est jetée sur la chasse de saint Martial :

« Leque escandalle donna occasion aux consulz de fère garder les portes pour serrer de près les Huguenotz, qui pour cet effect, remuèrent leurs presches à Sainct Gérald, dans le jardin de l'opital. » (p. 343-344).

On trouve une dernière mention en 1596 :

« Le premier jour d'aoust 1596, les Pères Recoletz, de l'ordre de sainct François, prinrent possession de l'église de Saincte Vallérie lez Lymoges, et y commencèreny faire le service divin. Et cependant, par provision, se logèrent au prioré de Saint Gérald. » (p. 377).

Tout cela ne va pas très loin et la longue notice que lui consacre Joseph Nadaud dans son « Pouillé » (p. 135-147), ne doit pas faire illusion. Elle est essentiellement occupée par le mémoire envoyé à l'évêque de Limoges Jean-Gilles du Coëtlosquet sur les hospices de la ville le 1er décembre 1753 « et augmentée depuis » (p. 136-145).

On en retiendra la liste des prieurs :

Hélie, vers 1158.

Héliot, dans une bulle du 1er février 1184 (n. st.)[1].

F. Hélie, 1195[2].

T…, 1196.

J. de Cella, mort le 10 septembre jadis prieur.

M., 1209. > *Martinus[3].

Thomas, 1229.

G…, prieur de la maison-Dieu de l'aumônerie de Saint-Gérald.

B…, 1335.

Bernard, 1348[4].

Pierre Mercerii, 1367, 1368[5].

Pierre Richer, mort le 5 juillet 1380[6].

F. Pierre Rudel du Ponthomme, élu en juillet 1380, confirmé par l'évêque.

F. André Bolandi, Bohaudi, 1456, 1459.

F. Jacques Teulier, bachelier en décrets, 1473, 1484, 1492, 1497[7].

G. Gain.

F. Simon Teulier, bachelier en décrets, 1511, 1530[8].

1. *Sic* J. Nadaud. Voir ADHV, H SUP, 2 A 1, éd. A. Leroux, *Documents historiques*, t. I, p. 262-265, … *dilectis filiis Elie, priori domus helemosinariae Sancti Geraldi…*
2. Voir dom Becquet, *supra*, les trois prieurs, Hélie, Héliot et frère Hélie sont sans doute le même homme…
3. Destinataire de la bulle d'Honorius III du 7 décembre 1217, ADHV, H SUP, 2 A 1, éd. A. Leroux, *Documents historiques*, t. I, p. 265-269, …*dilectis filis Martino, priori domus helemosinariae Sancti Geraldi Lemovicensis ejusque fratribus…*
4. [Note de A. Lecler, éd.] « Ce prieur est mort en 1348. Au siècle dernier [xviiie s.] on voyait encore sa tombe au milieu de l'église de Saint-Gérald ; c'était une pierre plate sur laquelle était gravé un prêtre en chasuble, tenant un bâton, et autour étoit écrit : *Illic jacet bone memorie do(minus) Bernardus | quondam prior S(an)c(t)i ////////// | , qui obiit IIII id. septembris anno | Domini mille CCC quadrag(esimo) VIII. Orate pro eo ////.* (BnF, ms. S. F. 5024, = ms. fr. 8230, p. 165 / no 216). »
5. ADHV, H SUP, B 39 : *Nos Petrus Mercerii, prior domus sive hospitalis Beati Geraldi Lemovicensis…*
6. Voir J. Nadaud, « Pouillé », p. 48.
7. Fondateur d'une vicairie le 4 janvier 1502, *v. infra*, présent dans l'obituaire, nos 56, 58, 83-84, 99, 109, 123-124. Son obit est le 14 septembre 1503 (no 123).
8. *Filius Stephani Teulerii, v.* l'obituaire nos 3, 94, 102.

Martial Benoît, chanoine et archidiacre de la cathédrale, 1558, mort le 20 novembre 1565. > *Pierre Benoît en 1561 (ADHV H SUP, H 26 [1]).

Jean Dubois, tué en 1585.

Paul Dubois, chanoine de Saint-Martial, 1606, 1632.

Jean Dubois, chanoine de Saint-Martial, 1651.

> *François de Verthamond, clerc tonsuré, prieur de S. G., *c.* 1663 [2].

> *Jacques de Verthamond, prieur de S. G. et évêque de Couserans (1711), frère de M. de Verthamond, trésorier de France au bureau de Limoges [3].

B. de Lacoudre, prieur en 1722.

Jean-Baptiste Poillevé, chanoine de la cathédrale, 1736, mort le 14 décembre 1758 à 85 ans.

Étienne David. 1759, chanoine de la cathédrale, promoteur de l'officialité, aumônier de la salle épiscopale, vicaire général. Mort le 27 octobre 1770, âgé de 88 ans [4].

Nadaud avait aussi relevé deux vicairies établies dans l'église :

« Vicairie fondée par Jacques Teullier, bachelier en décrets et prieur, dans la chapelle de la Trinité, Saint-Jacques et Sainte-Radegonde, le 4 janvier 1502, reçu par Feyditi. – *Patron* : Prieur de Saint-Gérald, 1571, 1578, 1587, 1610, unie à la mense conventuelle. »

« Autre par Jean du Puyponchet, alias Proly, prêtre, avant 1579. – À l'autel de Notre-Dame de Pitié. – *Patron* : Prieur de Saint-Gérald confère. Vigenaud, 1606. Beaubreuil céda en 1707 le patronage aux chanoines réguliers et ils nommèrent la même année. »

Après avoir évoqué la construction de l'hôpital en 1154 ou 1258, Nadaud termine sa notice ainsi : « Prieuré de l'hôpital de Saint-Gérald, 1357, 1407, peut-être différend de celui de Saint-Gérald. »

1. Voir A. Leroux, *Inventaire*, H, p. 9 : <Procès-verbal de vérification des droits des hôpitaux> : « Salot pour le dict Benoist a dict que le prieur de Sainct Géraud n'est subject à l'édict du Roy faict parce que c'est un prieuré conventuel et le prieur d'icelluy a esglise parrochielle et curé de la paroisse qui administre les sainctz sacrementz ez parrochiens de la dicte paroisse, lequel prieur estoit par les religieux d'icelluy électif, et que l'hospital est distinct etséparé du dict prieuré, où il loge des pauvres auxquels il distribue des aulmosnes, mais non à cause de ce qu'il aye aucun revenu du dict hospital… »
2. ADHV, H SUP, B 496, p. 65.
3. *Ibid.*, B 525, f. 269 *sq.*
4. Voir ADHV, H SUP, B 498, f. 64^{v} : « Cession du prieuré commendataire de Saint-Gérald faite par M. David, vicaire général et prieur du dit Saint-Gérald, à MM. les administrateurs de l'hôpital, moyennant la pension viagère de 600 l. (23 mai 1763). »

Cette ambiguïté reste présente entre les liens entre le prieuré et l'hôpital, qui suit les destinées du prieuré. Elle se retrouve au niveau des archives : les archives du prieuré constituent la sous-série 2 H aux archives départementales de la Haute-Vienne (5 m, non classés non communicables) et H SUP Limoges, 2 (0,7 m) pour l'hôpital, mais de nombreux documents concernant Saint-Gérald se retrouvent dans le fonds de l'Hôpital général de Saint-Alexis, fondé en 1660, ADHV H SUP Limoges (25 m pour l'Ancien Régime).

Les archives de Saint-Gérald furent déposées dans le fonds de l'hôpital général après sa création. On trouve ainsi dans le terrier de l'Hôpital, commencé en 1695, ADHV H SUP B 495, au f. 29 la copie de la revendication faite par l'hôpital général des titres du prieuré de Saint Gérald, qui sont alors en la possession de Jean Dubois, avocat[1], et au f. 33r la remise à l'Hôpital de ces titres, en 1664.

Ces titres, assez nombreux, concernent avant tout le temporel du prieuré et de l'hôpital. Rentes et reconnaissance sur des maisons, mais aussi des prés, des terres et des vignes, situés avant tout à Limoges, mais aussi dans des paroisses extérieures, Aixe-sur-Vienne[2], Beynac[3], Condat-sur-Vienne[4], La Jonchère[5], Saint-Hilaire-Bonneval[6], Saint-Martin-le-Vieux[7], Saint-Sornin-Magnazeix[-Leulac][8], pour s'en tenir au Moyen Âge. La gestion de ce temporel se poursuit jusqu'au XVIIe siècle…

1. Celui-là même qui rédige entre 1663 et 1678 une liève des cens et rentes sur Limoges et les campagnes voisines dus à l'Hôpital, H SUP, B 523, registre de 354 feuillets. Il est encore mentionné dans une liève de 1708, B 526.
2. ADHV, H SUP, B 328, 1208, 1248.
3. *Ibid.*, B 341, 1330.
4. *Ibid.*, B 355, 1306-1403.
5. *Ibid.*, B 392. – Donation faite par Gérald II de Cher, évêque de Limoges, aux pauvres de Saint-Gérald d'un muid de seigle de rente sur le lieu de la Jonchère : avec confirmation de la dite donation par Saibrand, évêque de Limoges, décembre 1196. (Vidimus fait par Durand, évêque de Limoges, le 11 octobre 1241, d'un autre vidimus des susdits actes fait par Guy II, évêque de Limoges, le 22 février 1229, éd. A. Leroux, *Documents historiques*, t. I, p. 167-168.
6. ADHV, H SUP, B 449, 1336.
7. *Ibid.*, B 466, 1298.
8. *Ibid.*, B 468, 1296.

En 1461, les consuls de Limoges donnent au prieuré de Saint-Gérald la fontaine des Touradoux (ou des Tourandaux), « à charge pour eux de la faire conduire par des tuyaux de bois dans l'hôpital Saint-Gérald à leurs frais et dépens, pour le service et soulagement des pauvres ». Cette fontaine, qui n'apparaît pas sur le plan de Limoges de 1594, qui n'indique en fait que les fontaines situées à l'intérieur des murs du Château (ni sur le plan de B. Barrière), a suscité des difficultés avec les ursulines voisines – de l'autre côté du fossé – en raison des dommages que causait la fontaine des religieuses à la fontaine du prieuré[1]... Cette fontaine est évoquée ainsi dans le mémoire envoyé le 1er décembre 1753 à l'évêque de Limoges :

« L'hôpital n'ayant qu'une fontaine peu abondante, qui tarit souvent, et dont l'eau est fort mauvaise, on n'y peut faire de bonnes lessives ; le linge des infirmeries mal lavé est la source de quantité d'ulcères et de maladies ; la boulangerie, la cuisine, les pauvres sains et malades souffrent de cette disette d'eau. On aurait dans la maison de la Mission une fontaine très bonne et très abondante[2]. »

Dès novembre 1657 les consuls de Limoges avaient réclamé la réunion des divers hôpitaux et institutions charitables de la ville, et avaient renouvelé leur requête en 1659[3]. En décembre 1660, des lettres patentes du roi autorisaient la fondation de l'Hôpital général[4]..., qui réunissait l'hôpital de Saint-Martial, la maison-Dieu des lépreux, l'hôpital Saint-Jacques, l'aumônerie de la Salle épiscopale....

« ...et comme le renfermement des pauvres a esté fait avec grand succez dans notre bonne ville de Paris, à cet exemple les habitans de notre ville de Limoges portez par un mouvement de piété envers les pauvres, qui sont en grand nombre dans notre province du Limosin, espèrent que par la charité et bienfaits de ceux qui ont du zèle pour la gloire de Dieu, il y aura fonds suffisant dans l'hôpital de Saint-Gérald de la dite ville en y unissant les hôpitaux de Saint-Martial et de Saint Jacques et toutes les aumôneries et maladreries, tant de fondation laïque que régulière, pour l'établissement et subsistance d'un hôpital général : et voulant de nostre part contribuer à une si pieuse et dévote entreprise, à ces causes, de l'advis de notre Conseil qui a veu les actes d'assemblée de ville des 4 novembre 1657 et 15 mai 1659, ensemble le consentement du sieur évêque de Limoges, du premier juillet au

1. Voir ADHV, H SUP, B 497, f. 219-223, et H SUP, E 126.
2. J. Nadaud, « Pouillé », p. 141.
3. ADHV, H SUP, A 1.
4. *Ibid.*, A 2, brochure imprimée de 26 p., éd. partielle A. Leroux, *Inventaire...*, p. 2-4. et H SUP, B 498, f. 50, du 21 avril 1760 maintenant au roi la nomination aux prieurés de Saint-Gérald.

dit an, et celuy du sieur abbé de Saint-Martial, du 25 du dit mois de juillet, et encore celuy des chanoines et chapitre de la dite église, du quatrième des mois et an susdits, et de notre certaine science, pleine puissance et authorité royale, nous avons par ces présentes signées de notre main, dit, statué et ordonné, disons, statuons et ordonnons, voulons et nous plaît que tous les pauvres mendians valides ou invalides de la ville, cité, fauxbourgs, ponts Saint-Étienne et Saint-Martial de Limoges soient enfermez en un lieu et place de la dite ville, tel qu'il sera choisi par ceux auxquels la direction du dit hôpital est commise; auquel lieu les pauvres seront employez aux manufactures et autres ouvrages de travail, selon l'ordre et manière qu'il sera jugé à propos. Voulons que le dit hôpital général soit bâty dans le fonds de celuy de Saint-Gérald et qu'il soit nommé à l'avenir l'Hospital général de Saint-Alexis,

...Permettons que les quatre bailes de l'hôpital Saint-Gérald qui sont présentement en charge, auxquels la conduite et construction du dit hôpital général et établissement d'iceluy a esté confié, prennent la qualité de directeurs et administrateurs et en fassent la charge et fonction avec six autres habitans, lesquels seront nommez et choisis, sçavoir : deux par les chanoines et chapitre Saint-Martial de Limoges, et un par les consuls de la dite ville, et les trois restans par les sept cy-dessus nommez ; lesquels administrateurs exerceront ordinairement pendant quatre ans. Permettons néanmoins aux quatre bailes de l'hôpital Saint-Gérald que nous avons appelés à l'administration de l'hôpital général par ces présentes, de sortir de charge, avec un cinquième qui sera tiré au sort, après deux ans d'exercice, au lieu et place desquels seront nommez autres cinq, et deux ans après les cinq autres sortiront et seront nommez cinq autres et ainsi successivement de deux en deux ans... »

Les nombreuses confréries de charité et de dévotion présentes à Limoges disparaissaient de fait, en commençant par celle des Pauvres à vêtir et des suaires, qui a laissé un fonds d'archives particulièrement riche en lièves rédigées en occitan[1], ainsi qu'un terrier composé en octobre 1535, qui s'ouvre avec une peinture représentant les deux bailes de la confrérie, Pierre Boutault et Mathieu Marcié, dont l'un remet une robe ou un manteau à un pauvre en chemise[2] (pl. 3).

Dix conféries étaient donc concernées, celle des Pauvres à vêtir et des suaires, des Aumônes sainte Croix et des Pains de Noël, de Notre-Dame du Puy[3], de Notre-Dame de Rocamadour (réunie à la

1. ADHV, H SUP, 8 B 4-15, dont la plus ancienne, 8 B 4 remonte à 1271 (rouleau de 1,85 m); les lièves 8 B 16-24, qui commencent en 1537, sont en français.
2. *Ibid.*, 8 B 3.
3. La confrérie de Notre-Dame du Puy a laissé un petit fonds d'archives, dans celui de Saint-Gérald, ADHV, H SUP, 2 H 2-10, remontant à 1272, avec deux lièves, une en occitan, 2 H 5 (commencée en 1425), et l'autre en français, 2 H 6 (1524-XVIIe siècle), deux terriers, 2 H 7 (1501-1639) et 2 H 8 (1508-XVIe siècle, en occitan). On retiendra la pièce 2 H 4, de 1292, vidimus donné

précédente)[1], des Chandelles de l'hôpital Saint-Gérald, de Notre-Dame la Joyeuse ou des Pastoureaux, des Treize chandelles de Notre-Dame des Arènes, du Cierge des boulangers, de Notre-Dame de la Règle ou des Tailladours, – de Notre-Dame de la Conception ou de Saint-Laurent des trépassés. L'obituaire fait mention d'une confrérie Saint-Antoine, qui n'apparaît pas autrement[2].

En 1630, le cardinal de La Rochefoucauld, chargé de la réforme des monastères, demande le 21 janvier à Alain de Solminihac, alors abbé de Chancelade, au diocèse de Périgueux, de visiter Saint-Gérald. À la suite d'un accord avec le prieur, Alain de Solminihac envoie des religieux réformés et fait reconstruire l'église, dans la perspective d'y établir un noviciat... Puis le cardinal de La Rochefoucauld procède à l'union du prieuré à la congrégation des chanoines réformés de l'étroite observance, dite « de Sainte-Geneviève », union acceptée par le chapitre général le 25 octobre 1637, les chanoines étant tenus d'administrer gratuitement les sacrements aux pauvres de l'hôpital.

La communauté était alors composée d'un prieur claustral triennal, d'un *socius*, qui servait de vicaire à la paroisse, de deux autres qui possèdaient les cures de Saint-Julien et de Saint-Cessateur, avec des revenus très faibles. En 1725, le prieur perdait la nomination à la cure de Saint-Gérald, attribuée au chapitre claustral. En 1734, avec l'union du prieuré d'Évaux à la Sainte-Chapelle de Riom, la nomination aux cures de Saint-Julien et Sainte-Affre était passée à l'évêque, puis celle de Saint-Cessateur avait été rattachée au prieuré Saint-Jean de Cole... Vers 1758, un « Projet de mémoire » est adressé au Roi pour demander l'extinction de la maison de Saint-Gérald, afin de recouvrer les biens qui ont été usurpés sur l'hôpital.

« Toutes ces instances sont demeurées impoursuivies par le crédit des prieurs commendataires et des chanoines réguliers de Sainte-Geneviève qui possèdent on ne sait à quel titre, les biens-fonds et revenus de cet hôpital... Les œconomes [de l'hôpital

par l'official du diocèse de Limoges d'une indulgence de 40 jours accordée par l'évêque du Puy, du consentement de l'évêque de Limoges, aux fidèles de ce dernier diocèse qui contribueront par leurs donations au bien de la dite confrérie.

1. Les deux dernières pièces du fonds de Saint-Gérald concernent cette confrérie, ADHV, H SUP, 2 H 11-12, de 1577 et 1498... D'assez nombreuses mentions se trouvent aussi dans le fonds de l'hôpital général.
2. Voir n° 80, *confratrie beati Anthonii que fit in hoc conventu anno quolibet.*

de Saint-Gérald], non contents de retenir les titres de fondation et rentes appartenans à cet hôpital, trouvèrent moyen, depuis le commencement du 16e siècle, de les faire reconnaître en leur faveur et, d'un bien uniquement consacré à la subsistance des pauvres, d'en former une manse priorale et conventuelle souz la modique redevance de 100 septiers seigles et 20 charges de vin envers l'hôpital Saint-Gérald... Le nombre des pauvres étant considérablement augmenté par la disette des grains qui s'est faite ressentir dans cette province, la nécessité de faire des bastimens plus spacieux est indispensable. Il est impossible, Sire, d'y pourvoir soit manque de fonds pour fournir à une telle dépense, soit que ces bastimens se trouvent resserrés à droite par ceux des prêtres de la Mission, à gauche par l'emplacement de l'ancien hôpital de Saint-Gérald actuellement occupé par le prieur et les chanoines réguliers[1]. »

Le « mémoire » de 1753 reproduit par Nadaud donne une piètre image du prieuré à la fin du XVIIIe siècle :

« Le monastère de Saint-Gérald est apparemment le plus pauvre de toute la congrégation. Jusqu'à présent, les religieux n'ont pu faire bâtir de cloître, ni se procurer une clôture si exacte qu'elle empêchât les femmes d'entrer chez eux. Les conventuels n'y subsistent qu'avec une grande économie et par le secours étranger et variable de deux petits bénéfices qui ne sont point de leur patronage. Ils ne sont point en nombre suffisant pour faire le service divin, pas même les jours de fêtes; les trois curés se doivent à leurs paroisses ces jours-là, le socius ne pourrait que psalmodier dans l'église prieurale. Ces religieux n'épousent point les cures : le P. François Pontroy, curé de Saint-Cessateur, qui mourut en décembre 1748 sur la paroisse de Saint-Pierre-du-Queyroix, au lieu d'être inhumé dans sa cure, n'y fut seulement pas porté; sa sépulture fut dans l'église du monastère à Saint-Gérald. Il en fut de même du P. Mosneron, curé de Saint-Julien et Sainte-Affre, mort en juillet 1759. On aime mieux mêler leurs cendres à celles de leurs frères que de les donner aux églises leurs épouses. »

En avril 1761, l'évêque de Limoges Charles-Louis du Plessis d'Argentré, autorise la réunion, rappelant que le prieuré est un bénéfice simple et régulier de la Congrégation de France des chanoines réguliers et qu'« au moien de cette union on ne fera que rendre justice au dit hôpital eu le mettant en état de rentrer, sans plaider, dans la jouissance d'une partie des biens qu'il tenoit originairement de la libéralité des fidèles et que les anciens prieurs de Saint-Gérald lui avoient enlevés[2]. »

En juin 1761, des lettres patentes du roi autorisent l'union, aux conditions prévues dans le décret de l'évêque de Limoges, et en mars 1762, les administrateurs de l'Hôpital général demandent au

1. ADHV, H SUP, H 1.
2. *Ibid.*

Parlement l'homologation des lettres patentes du roi. Le 23 mai 1763, M. David, vicaire général et prieur commendataire de Saint-Gérald, cède le prieuré aux administrateurs de l'Hôpital, moyennant une pension viagère de 600 lb [1].

En 1768, le prieuré de Saint-Gérald était toujours le plus pauvre des maisons de chanoines réguliers de la congrégation de France dans la province d'Aquitaine, avec 2392 lb de revenus pour quatre religieux (contre 6289 lb pour Lesterps avec cinq religieux et 8940 lb pour Évaux mais avec douze religieux, au même diocèse) [2].

On notera que l'abbé Martial Legros, dans son recueil de monographie des monastères du diocèse de Limoges, *Mémoire sur l'histoire des abbayes tant d'homme que de filles, séculières et régulières* [3] rédigé après 1783, ne fait aucune mention de Saint-Gérald, alors qu'il consacre une notice à Lesterps [4].

Il est intéressant de voir ce qu'en dit Charles-Nicolas Allou dans sa *Description des monumens… de la Haute-Vienne* [5] parue en 1821, où il s'inspire en fait de la *Statistique générale de la France* de Louis Texier-Olivier, publiée en 1808 [6] :

> *Hôpital Saint-Gérald.* – Il avait existé autrefois, sur l'emplacement de l'hopital général, une église dédiée à saint Gérald ou saint Géraud d'Aurillac ; elle est connue par des titres de 992. Vers 1087 ou 1150, un hôpital fut fondé au même lieu, par Gérald Hector du Cher, évêque de Limoges, qui le dota, l'érigea en prieuré et y mit des religieux. Cette maison souffrit beaucoup des ravages et des incendies si souvent renouvelés pendant les guerres du douzième siècle, et particulièrement des démêlés de Henri le Vieux et de ses fils. En 1637, ce prieuré, reconstruit, fut donné aux chanoines réguliers de l'abbaye de Chancelade, près de Périgueux. On y commença un bâtiment, qui resta longtemps imparfait. Les moines de Chancelade furent remplacés par des Génovéfains qui y étaient encore en 1771. Le prieuré commendataire fut réuni à l'hôpital, en 1770, par démission du titulaire.

1. ADHV, H SUP, B 498, f. 64v.
2. L. Lecestre, *Abbayes, prieurés et couvents d'homme en France. Liste générale d'après les papiers de la Commission des Réguliers en 1768*, Paris, 1902, p. 35.
3. ADHV, I SEM 35.
4. *Ibid.*, p. 531-540.
5. C.-N. Allou, *Description des monumens des différens âges observés dans le département de la Haute-Vienne*, Limoges, 1821, p. 191-193.
6. *Statistique générale de la France […] Département de la Haute-Vienne*, par M. L. Texier-Olivier, Paris, 1808, p. 229 [228-235].

En 1659, on réunit, à la maison de Saint-Gérald, qui prit alors le titre d'hôpital général, ceux de Saint-Martial, de la Maison-Dieu, d'Aigoulène, de Saint-Jacques des Arènes (depuis les Clairettes), etc. On y établit en même temps les sœurs dites *de la Médaille* ou *de Saint-Alexis*, instituées cette même année, sous la protection et par les soins de M. de La Fayette, et dont l'hôpital prit ensuite le nom [...]. L'édifice actuel de l'hôpital fut élevé en 1775 [...].

En 1229, suivant le rapport d'une chronique, il y eut à Limoges une grande mortalité, où plusieurs milliers d'habitants périrent, et on enterrait jusqu'à cent pauvres par jour dans le cimetière de Saint-Gérald[1]. Cet hôpital avait donc une grande importance [...].

À une douzaine de reprises, on voit dans l'obituaire la mention de la paroisse de Saint-Gérald, pour des obits ou des biens-fonds :

(41) ...anniv. Marcialis Rochau, hujus parrochie... (103) heredes jamdicti Marcialis Rochau nostre parrochie...

(80) ...obiit Marcialis Peyrussau, nostre parrochie... (104) Marciali Peyrussaud, parrochie nostre...

(84) ...Guilhot Bordas, hujus parrochie...

(95) ...Marciali et Johanni Peyrussau, hujus parrochie...

(96) ...Johannem Fumat de trolio nostre parrochie... dictus Johannes Fumat de trolio, parrochie Sancti Geraldi...

(98) ...Petrus dit Penot, filius Thome de Podio Ponchet, nostre parrochie...

(99) ...Leonardum sive Nardon et Geraldum de Podio Dei nostre parrochie...

(105) ...obiit frater Anthonius de Fagia sive de Podio Ponchet, nostre parrochie...

(116) ... bona Johannis Fumorti de trolio, nostre parrochie...

(121) ...terram et vineam sitas in podio Vincencii, nostre parrochie Sancti Geraldi...

(122) Marcialem et Stephanum Martinaux, nostre parrochie...

Nadaud évoque très brièvement cette paroisse :

« Cure régulière. – 400 communiants (688 habitants). – Dans la chapelle et l'autel de ... – P(atron) : Prieur 1587, 1725, chapitre des chanoines réguliers, 1725, 1734, 1743[2] . »

Louis Guibert précise que Saint-Jean « des Vignes » lui fut annexée au XIVe ou au commencement du XVe siècle et qu'elle fut unie à Saint-Thomas d'Aquin en 1791[3], mais Nadaud ne fait pas mention de cette union de l'église Saint-Jean.

1. Voir les *Chroniques de Saint-Martial*, p. 155, et la chronique de Géraud de Frachet, dans *Recueil des historiens de la France*, vol. XXI, Paris, 1855, p. 4.
2. J. Nadaud, « Pouillé », p. 145.
3. L. Guibert, « Anciens registres des paroisses de Limoges », dans *BSAHL*, t. 29 (1881), p. 85-86. J. Nadaud, « Pouillé », p. 107-109.

Il en subsiste vingt-trois registres paroissiaux, avec des lacunes pour l'époque moderne : baptêmes pour les années 1641-1668 [1], mariages pour 1641-1664, 1668 [2], sépultures pour 1650-1663 [3], puis une série de registres de baptêmes, mariages et sépultures, pour les années 1659-1791 avec de nombreuses lacunes [4]. Les registres paroissiaux du XVIIe siècle permettent toutefois d'avoir un aperçu du ressort de la paroisse, qui s'étendait sur une vingtaine de villages ou lieux-dits, dont plus de la moitié a disparu dans la toponymie : Beaubreuil (con Nord), Beausoleil (con Sud), Bos de Marley, le Breuil, Campour, Chantelauve (con Ouest), Chassicaud, chez Cibot (con Sud), la Coux, Faye, chez Girou, (Gyrou), chez Gradely/Gradey, chez Magret (Magrais, con Sud), Meyge/Mège, Peyrat, Puy Ponchet (con Nord), Ribiac, la Roche, le Treuilh, le Treuilh de Magré (con Sud).

On remarque aussi qu'un certain nombre de fidèles qui sont alors inhumés dans le cimetière de Saint-Gérald viennent d'autres paroisses, voisines comme Saint-Pierre-du-Queyroix, Saint-Cessateur, Saint-Lazare ou Sainte-Félicité du Pont-Saint-Martial, mais aussi parfois plus éloignées, comme Condat, Le Palais ou Panazols, avec la permission de leur curé.

Un certain nombre de pauvres ou d'étrangers morts à l'hôpital y sont aussi inhumés. Certains actes évoquent explicitement une inhumation « au cimetière de cette église paroissiale ». Y avait-il deux cimetières, celui de l'hôpital et celui de la paroissse ? Un mémoire de 1594 parle du « petit cimetière de Saint-Gérald [5] », cimetières fondus à la fin du XVIIIe siècle dans celui de l'hôpital.

L'obituaire donne aussi un bon aperçu de la manière dont étaient célébrés les anniversaires. On voit que les fondateurs et les bénéficiaires d'un anniversaires sont avant tout des bourgeois de Limoges, du Château, et que les revenus donnés pour les anniversaires

1. Limoges, arch. com., GG 131-132, 135.
2. *Ibid.*, GG 133, 136.
3. *Ibid.*, GG 134.
4. *Ibid.*, GG 137-138, 140,-141, 142, 144-246, 299 *bis* et ADHV, 3 F 85 /7.
5. ADHV, H SUP, 2 B 11, f. 120 *sq.*

sont en majorité assis sur des biens – maison, vigne, terre, pré – situés à Limoges et souvent au voisinage même de Saint-Gérald, ce qui est parfois dit de manière explicite : *Bernardus Broau dimisit nobis viginti solidos rend. super quoddam pratum suum de las Varenas situatum in manso prati Sancti Aredii prope Sancti Geraldi*[1]...

L'église de Limoges dipose de son missel dès 1483. Un premier missel à l'usage de Limoges a été imprimé à Paris en 1483 par Jean Du Pré, mais on ignore de quelle manière à il été diffusé localement[2]. En 1500, l'évêque de Limoges Jean Barton de Montbas (1483-1510) fait imprimer par Jean Berton, un imprimeur établi près de l'église Saint-Pierre-du-Queyroix, une nouvelle édition de son missel[3]. Cinq ans plus tard, Jean Berton en donne une nouvelle édition, ℭ *Missale ad usum Lemovicensis ecclesie peroptime ordinatum et de novo correctum*, et le colophon, au f. CCLXXX, donne la date du 20 juin 1505 pour son achèvement[4] (pl. 4). Les prêtres de Saint-Gérald pouvaient donc disposer d'un missel imprimé pour la célébration des messes demandées pour les anniversaires. Les oraisons propres pour les anniversaires sont au f. 262^{v} du missel de 1505 (pl. 5-7).

L'obituaire montre la variété des demandes de messes, qui ne sont pas toujours des messes des morts mais aussi des messes votives, de la Vierge (n° 97), de sa Conception (n° 70), de son Assomption (n°s 52, 118), de la Sainte Croix (n° 97). Certaines messes hautes sont demandées avec diacre et sous-diacre (n°s 82, 110). Les messes basses sont plus rares (n°s 8, 21 32, 100-101). Les demandes d'absoute sont assez nombreuses (n°s 52, 76, 78, 80-82, 85, 103, 101, 110, 124) et parfois on demande explicitement que celle-ci soit dite sur le tombeau,

1. Voir n° 17.
2. Limoges, Bibliothèque francophone multimédia, inc. 24, seul exemplaire connu... Voir W.H.I. WEALE et H. BOHATTA, *Catalogus missalium ritus latini ab anno M.CCCC.LXXIV impressorum*, Londres, 1928, p. 87, n° 496, et R. AMIET, *Missel et bréviaires imprimés. Supplément aux catalogues de Weale et Bohatta; Propres des saints (édition princeps)*, Paris 1990, p. 35, n° 496, et ID. « Les bréviaires et les missels diocésains de Limoges et de Tulle », dans *BSAHL*, t. 115 (1988), p. 108-114.
3. BnF, Vélins 1606. W.H.I. WEALE et H. BOHATTA, n° 498; AMIET n° 498.
4. ADHV, I SEM 132, seul exemplaire connu, il porte l'ex-libris de l'abbé J. Nadaud sur sa page de titre. W.H.I. WEALE et H. BOHATTA, n° 499 ; R. AMIET n° 499.

<cum> absolucione supra tumulum (n°s 97, 110). On retiendra ainsi la fondation faite en 1492 par Pierre Prunelle, un prêtre, pour lui-même et des proches,

qui nobis legavit et dedit manualiter realiter et de facto viginti regalia auri, valencia in universo quadraginta libras pro quadraginta sol. rend. emendis, et pro duobus anniversariis singulis annis fiendis in modum qui sequitur. Primum erit in die sui videlicet obitus ut supra est notatum. Secundum in die sancti Laurencii martiris, et fient sic, videlicet dicetur vigilia de sero in crastinum missa alta de mortuis cum diacono et subdiacono et absolucione fienda supra tumulum ipsius in ecclesia Sancti Petri de Quadruvio, ante altare sancti Laurencii seu Flagellationis Domini nostri Ihesu Christi, et altera etiam absolucione fienda in Sancto Marciale, infra reclausum dicti monasterii, ubi predicatur supra tumulum domine Mathive Loumosnaria, uxoris quondam magistri Alberti Joffo, procuratoris generalis domini nostri regis, cum habitu simplici.

Les célébrations pouvaient donc aller au-delà de Saint-Gérald, à Saint-Pierre-du-Queyroix et à Saint-Martial, et dans sa générosité le fondateur prévoyait une distribution pour les religieux de ces deux églises assistant à l'absoute...

Et si cappellani vel vicarii locorum jamdictorum velint interesse in his absolucionibus fiet eis distribucio per bajulum Sancti Geraldi cuilibet summa quinque denariorum, et vocandi sunt parentes dicti domini Petri Prunelli ad jamdicta duo anniversaria.

L'obituaire de Saint-Gérald montre bien quelle pouvait être encore l'importance de la commémoration des défunts au sein de la société limougeaude de la fin du XVe siècle et des premières années du XVIe.

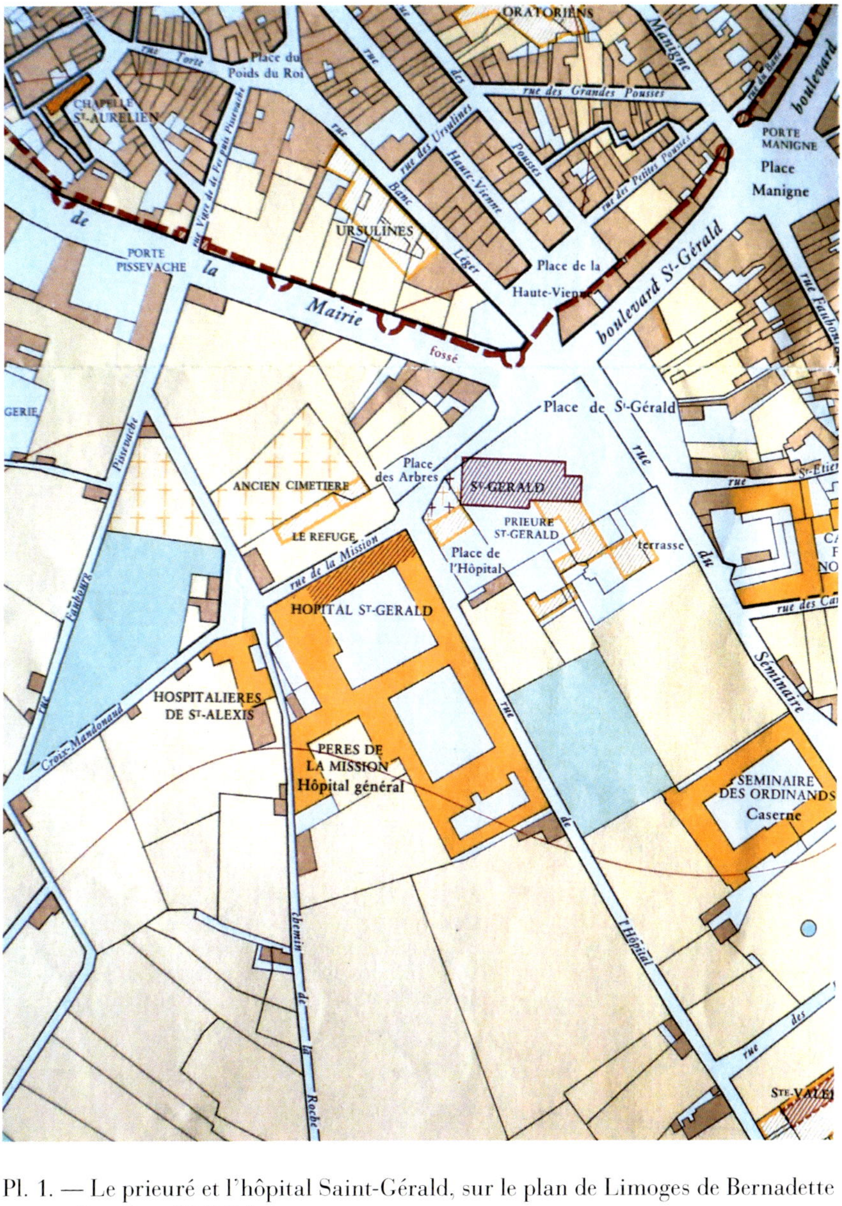

Pl. 1. — Le prieuré et l'hôpital Saint-Gérald, sur le plan de Limoges de Bernadette Barrière. (© D.R.).

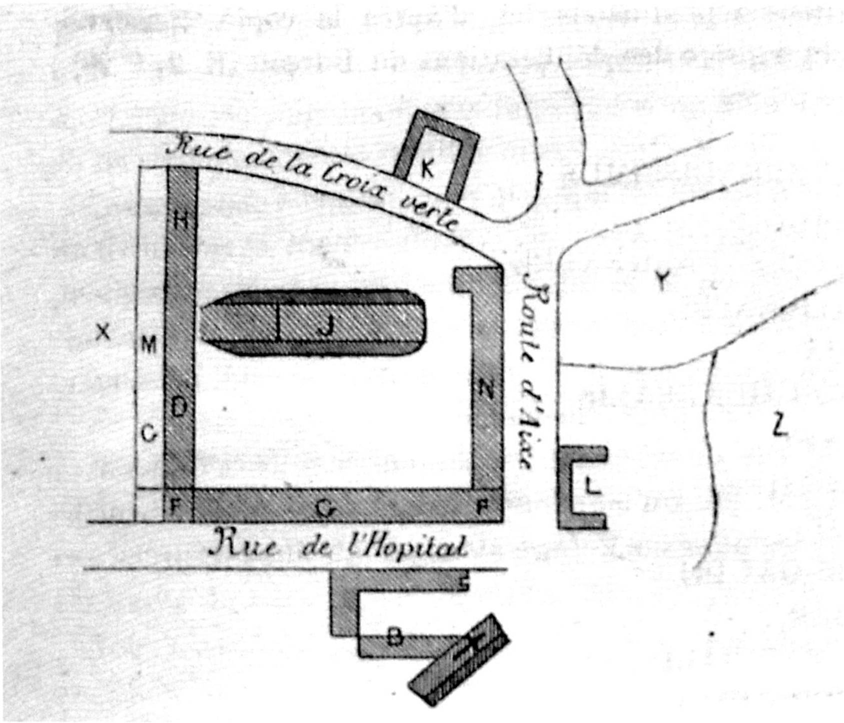

Pl. 2. — Plan de l'ensemble, prieuré-hôpital, dressé en 1884 par A. Leroux, *Inventaire*, p. XXVII. (© D.R.).

« L'ancien hôpital Saint-Gérald relevé de ses ruines en 1657 comprenait un seul bâtiment, **C**, destiné aux malades, en bordure sur la rue actuelle de l'Hôpital. On y ajouta presque aussitôt un second corps de logis en retour, **D**, qui fut affecté aux mendiants. Ce fut là le premier noyau de l'hôpital général. À l'extrémité orientale du bâtiment **C**, on ménagea une chapelle provisoire, **E**, pour les pensionnaires de l'établissement. Le carré **F** formé par l'intersection du Bâtiment **C** avec le bâtiment **D** servit d'habitation à M. Maleden de Savignac et de salle de délibérations au Bureau. Quant aux manufactures, elles furent reléguées sur les derrières, dans le rectangle **G**, et y restèrent jusqu'en 1766. »

Pl. 3. — Terrier de la confrérie des pauvres à vêtir, fait par ordre de Pierre Butaud et Mathieu Mercier, bailes de 1535, ADHV, H SUP, 8 B 3, f. 1. (© ADHV).

Pl. 4. — Missel de Limoges, imprimé en 1505, par Jean Berton, exemplaire ayant appartenu à l'abbé J. Nadaud, ADHV, I SEM 132, p. de titre. (© ADHV).

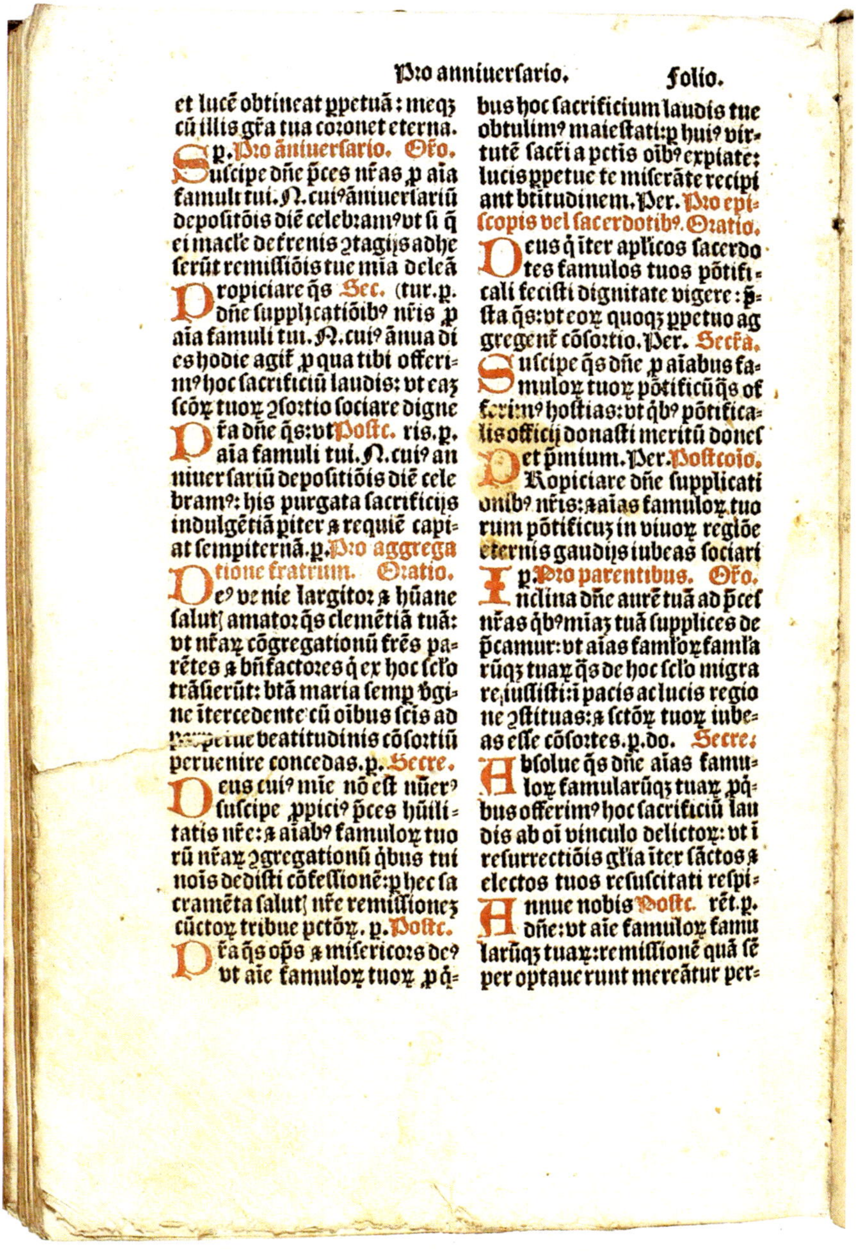
Pro anniuersario. Folio.

et lucē obtineat ꝑpetuā: meq3
cū illis gr̄a tua coronet eterna.
S p. Pro āniuersario. Orō.
uscipe dn̄e p̄ces nr̄as ꝑ aīa
famuli tui. N. cui⁹ āniuersariū
depositōis diē celebram⁹ vt si q̄
ei macl'e de terrenis ɔtagijs adhe
serūt remissiōis tue mīa deleā
Propiciare q̄s Sec. (tur. p.
dn̄e supplicatiōib⁹ nr̄is ꝑ
aīa famuli tui. N. cui⁹ ānua di
es hodie agit' ꝑ qua tibi offeri-
m⁹ hoc sacrificiū laudis: vt eā
scōꝝ tuoꝝ ɔsortio sociare digne
P r̄a dn̄e q̄s: vt Postc. ris. p.
aīa famuli tui. N. cui⁹ an
niuersariū depositiōis diē cele
bram⁹: his purgata sacrificijs
indulgētiā pariter ⁊ requiē capi-
at sempiternā. p. Pro aggrega
tione fratrum. Oratio.
D e⁹ venie largitor ⁊ hūane
salut' amator q̄s clemētiā tuā:
vt nr̄aꝝ cōgregationū frēs pa-
rētes ⁊ bn̄factores q̄ ex hoc sc'lo
trāsierūt: btā maria semꝑ ꝟgi-
ne itercedente cū oībus scīs ad
perpetue beatitudinis cōsortiū
peruenire concedas. p. Secre.
D eus cui⁹ mīe nō est nūer⁹
suscipe ꝓpici⁹ p̄ces hūili-
tatis nr̄e: ⁊ aīab⁹ famuloꝝ tuo
rū nr̄aꝝ ɔgregationū q̄bus tui
nōis dedisti cōfessionē: ꝑ hec sa
cramēta salut' nr̄e remissionē
cūctoꝝ tribue pctōꝝ. p. Postc.
P r̄a q̄s ops ⁊ misericors de⁹
vt aīe famuloꝝ tuoꝝ ꝑ q̄-
bus hoc sacrificium laudis tue
obtulim⁹ maiestati: ꝑ hui⁹ vir-
tutē sacri a pctīs oīb⁹ expiate:
lucis ꝑpetue te miserāte recipi
ant btitudinem. Per. Pro epi-
scopis vel sacerdotib⁹. Oratio.
D eus q̄ iter ap'licos sacerdo-
tes famulos tuos pōtifi-
cali fecisti dignitate vigere: p̄-
sta q̄s: vt eoꝝ quoq3 ꝑpetuo ag
gregent' cōsortio. Per. Secrā.
S uscipe q̄s dn̄e ꝑ aīabus fa-
muloꝝ tuoꝝ pōtificū q̄s of
ferim⁹ hostias: vt q̄b⁹ pōtifica-
lis officij donasti meritū donec
et p̄mium. Per. Postcōio.
P Ropiciare dn̄e supplicati
onib⁹ nr̄is: ⁊ aīas famuloꝝ tuo
rum pōtificū in viuoꝝ regiōe
eternis gaudijs iubeas sociari
I p. Pro parentibus. Orō.
nclina dn̄e aurē tuā ad p̄ces
nr̄as q̄b⁹ mīam tuā supplices de
p̄camur: vt aīas famloꝝ famla
rūq3 tuaꝝ q̄s de hoc sc'lo migra
re iussisti: i pacis ac lucis regio
ne ɔstituas: ⁊ scōꝝ tuoꝝ iube-
as esse cōsortes. p. do. Secre.
A bsolue q̄s dn̄e aīas famu-
loꝝ famularūq3 tuaꝝ ꝓ q̄-
bus offerim⁹ hoc sacrificiū lau
dis ab oī vinculo delictoꝝ: vt i
resurrectiōis gl'ia iter sctōs ⁊
electos tuos resuscitati respi-
A nnue nobis Postc. rēt. p.
dn̄e: vt aīe famuloꝝ famu
larūq3 tuaꝝ: remissionē quā se
per optauerunt mereātur per-

Pl. 5. — Missel de Limoges, 1505, ADHV, I SEM 132, f. 262v, oraisons propres aux anniversaires. (© ADHV).

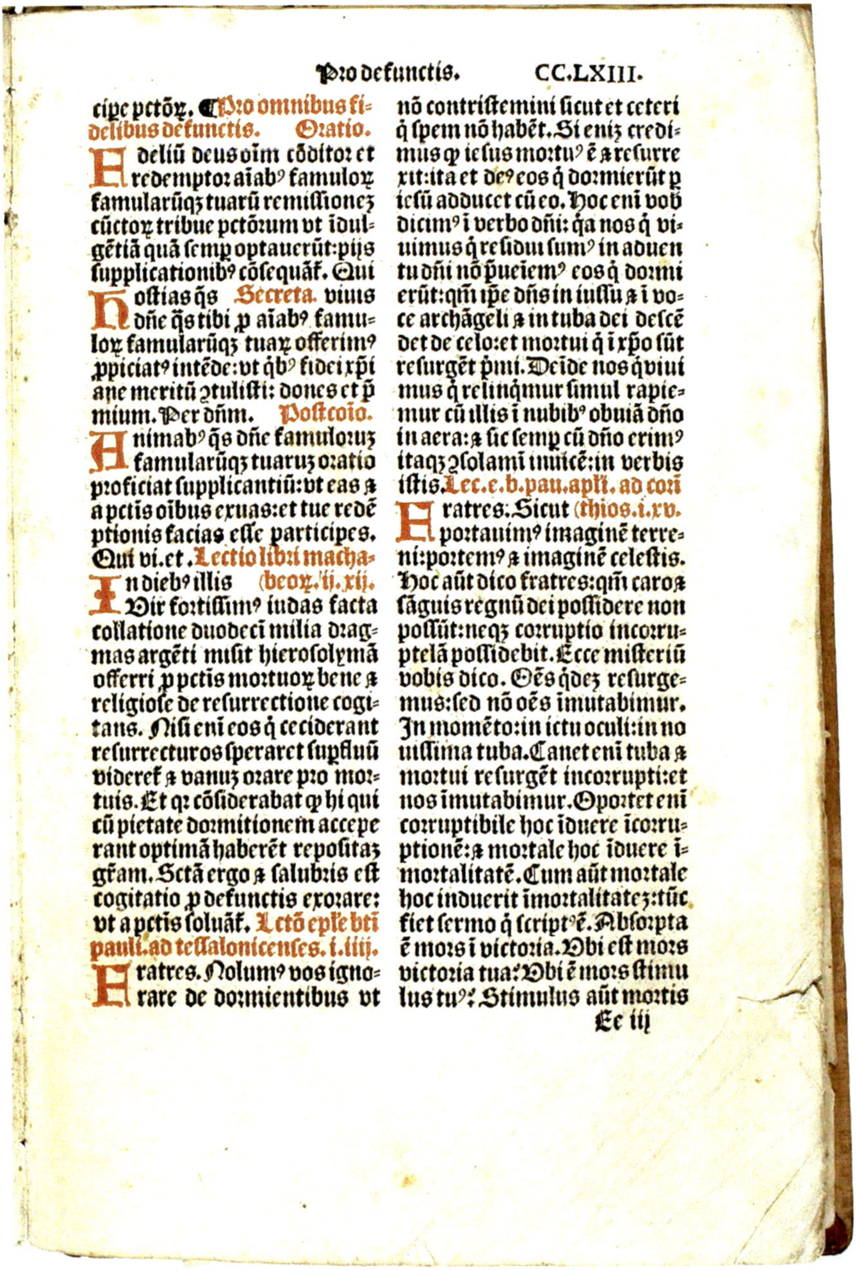
Pro defunctis. CC.LXIII.

cipe pctõꝝ. ¶Pro omnibus fi-
delibus defunctis. Oratio.
Fideliũ deus oĩm cõditor et
redemptor aĩab⁹ famuloꝝ
famularũqꝫ tuarũ remissionẽ
cũctoꝝ tribue pctõrum vt indul-
gẽtiã quã semꝑ optauerũt: piis
supplicationib⁹ cõsequãt. Qui
Hostias qs Secreta. viuis
dñe qs tibi ꝓ aĩab⁹ famu-
loꝝ famularũqꝫ tuaꝝ offerim⁹
ꝓpiciat⁹ intẽde: vt qb⁹ fidei xp̃i
ane meritũ ꝯtulisti: dones et ꝑ
mium. Per dñm. Postcoĩo.
Animab⁹ qs dñe famuloꝝ
famularũqꝫ tuaruꝫ oratio
proficiat supplicantiũ: vt eas ⁊
a pctis oĩbus exuas: et tue redẽ
ptionis facias esse participes.
Qui vi. et. Lectio libri macha-
In dieb⁹ illis (beoꝝ. ij. xij.
Vir fortissim⁹ iudas facta
collatione duodecĩ milia drag-
mas argẽti misit hierosolymã
offerri ꝓ pctis mortuoꝝ bene ⁊
religiose de resurrectione cogi-
tans. Nisi eni eos q ceciderant
resurrecturos speraret supfluũ
videret ⁊ vanuꝫ orare pro mor-
tuis. Et q: cõsiderabat qꝫ hi qui
cũ pietate dormitionẽ accepe
rant optimã haberẽt repositã
grãm. Sctã ergo ⁊ salubris est
cogitatio ꝓ defunctis exorare:
vt a pctis soluãt. Lectõ eple bti
pauli. ad tessalonicenses. i. iiij.
Fratres. Nolum⁹ vos igno-
rare de dormientibus vt
nõ contristemini sicut et ceteri
q spem nõ habẽt. Si enĩ credi-
mus qꝫ iesus mortu⁹ ẽ ⁊ resurre
xit: ita et de⁹ eos q dormierũt ꝑ
iesũ adducet cũ eo. Hoc eni vob
dicim⁹ i verbo dñi: q̃a nos q vi-
uimus q residui sum⁹ in aduen
tu dñi nõ pueniem⁹ eos q dormi
erũt: qm̃ ip̃e dñs in iussu ⁊ i vo-
ce archãgeli ⁊ in tuba dei descẽ
det de celo: et mortui q i xp̃o sũt
resurgẽt pmi. Deide nos q viui
mus q relinqmur simul rapie-
mur cũ illis i nubib⁹ obuiã dño
in aera: ⁊ sic semꝑ cũ dño erim⁹
itaqꝫ ꝯsolami inuicẽ: in verbis
istis. Lec. e. b. pau. aplĩ. ad cori
Fratres. Sicut (thios. i. xv.
portauim⁹ imaginẽ terre-
ni: portem⁹ ⁊ imaginẽ celestis.
Hoc aũt dico fratres: qm̃ caro ⁊
sãguis regnũ dei possidere non
possũt: neqꝫ corruptio incorru-
ptelã possidebit. Ecce misteriũ
vobis dico. Oẽs qdẽ resurge-
mus: sed nõ oẽs imutabimur.
In momẽto: in ictu oculi: in no
uissima tuba. Canet eni tuba ⁊
mortui resurgẽt incorrupti: et
nos imutabimur. Oportet eni
corruptibile hoc induere icorru-
ptionẽ: ⁊ mortale hoc induere i-
mortalitatẽ. Cum aũt mortale
hoc induerit imortalitateꝫ: tũc
fiet sermo q script⁹ ẽ. Absorpta
ẽ mors i victoria. Vbi est mors
victoria tua? Vbi ẽ mors stimu
lus tu⁹? Stimulus aũt mortis
Ee iij

Pl. 6. — Missel de Limoges, 1505, ADHV, I SEM 132, f. 263, messe pour tous les fidèles défunts. (© ADHV).

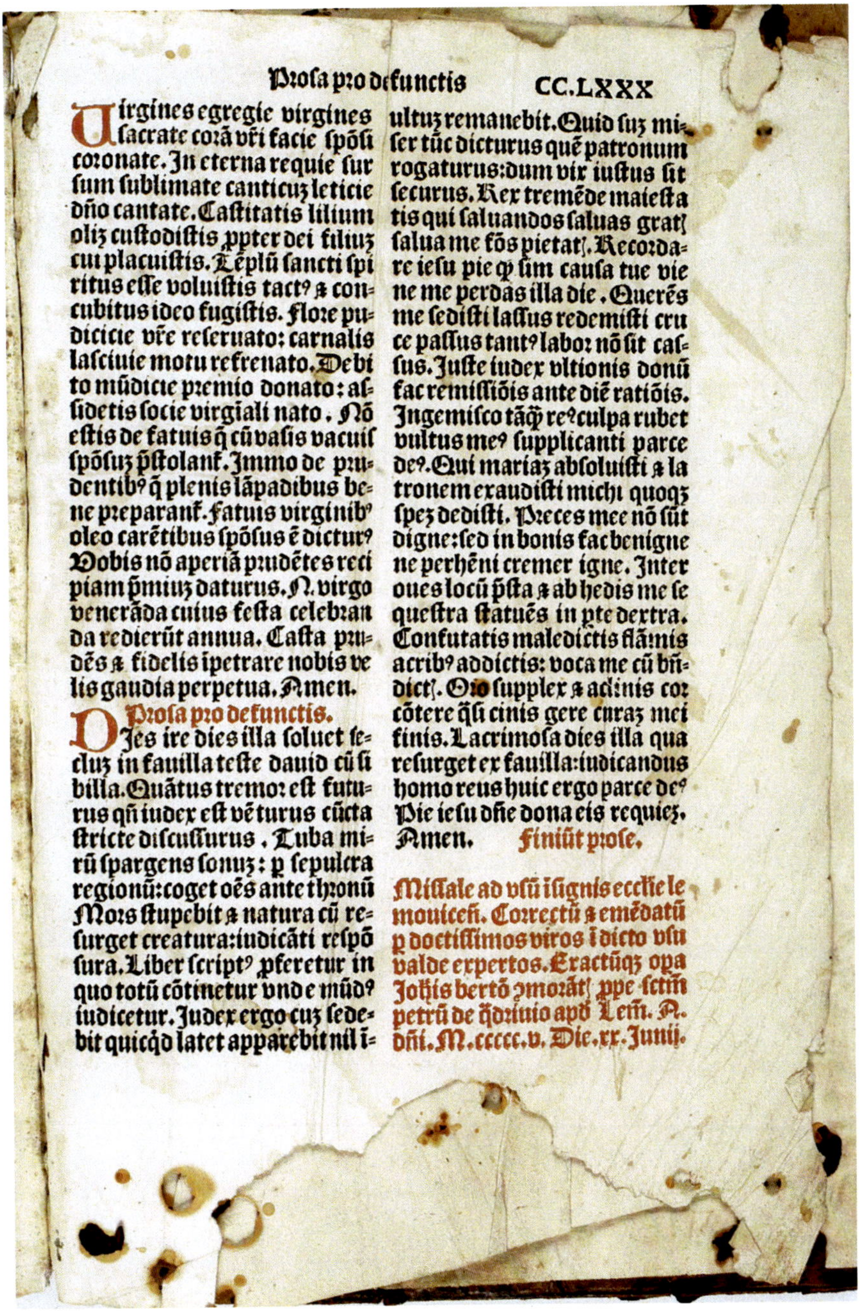

Pl. 7. — Missel de Limoges, 1505, ADHV, I SEM 132, f. 280, proses pour les défunts et colophon, le 20 juin 1505. (©ADHV).

1
2
3

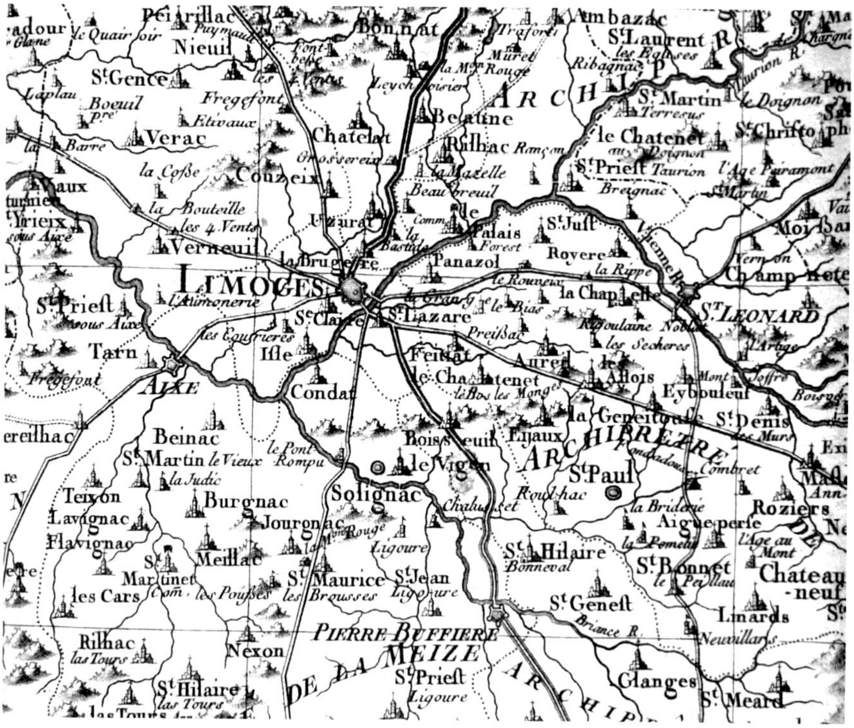

A B C

Pl. 8. — Limoges et les paroisses voisines sur la *Carte du diocèze de Limoges* de Pierre Cornuau, 1782. (© DR).

Aix, A2. – Beaune, B1. – Bellac (hors carte). – Beynac, A2. – Chalucet, B3. – Condat B2. – La Brugère, B1. – Panazol, B2. – Saint-Bonnet, C3. – Saint-Gence, A1. – Saint-Hilaire-Bonneval, C3. – Saint-Léonard, C2. – Saint-Martin-le-Vieux, A2. – Saint-Paul, C3. – Solignac, B3.

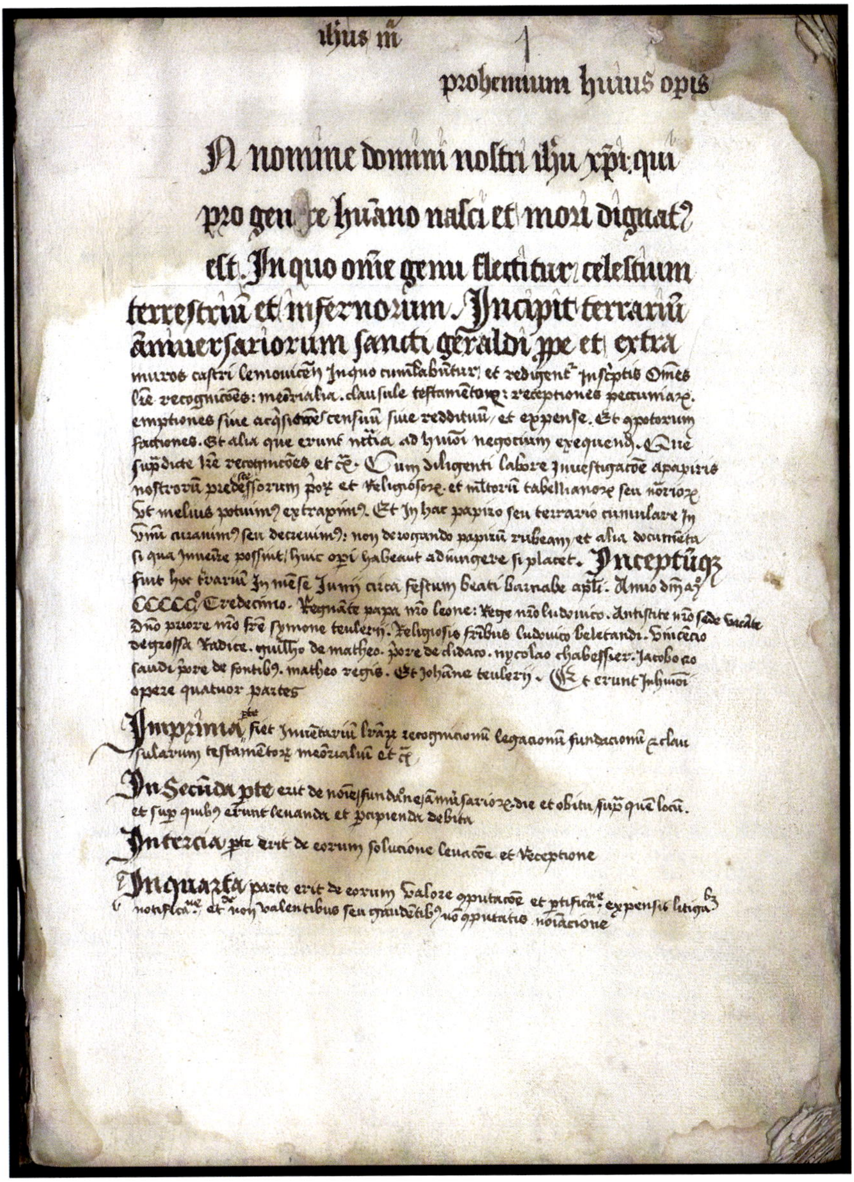
ihus m[ari]a

prohemium huius op[er]is

In nomine domini nostri ihu xpi qui pro genere humano nasci et mori dignatus est. In quo omne genu flectitur celestium terrestrium et infernorum. Incipit terrarium anniversariorum sancti geraldi infra et extra

Pl. 9. — Terrier des anniversaires, page de titre [f. 1] (n[os] 1-7). (© ADHV).

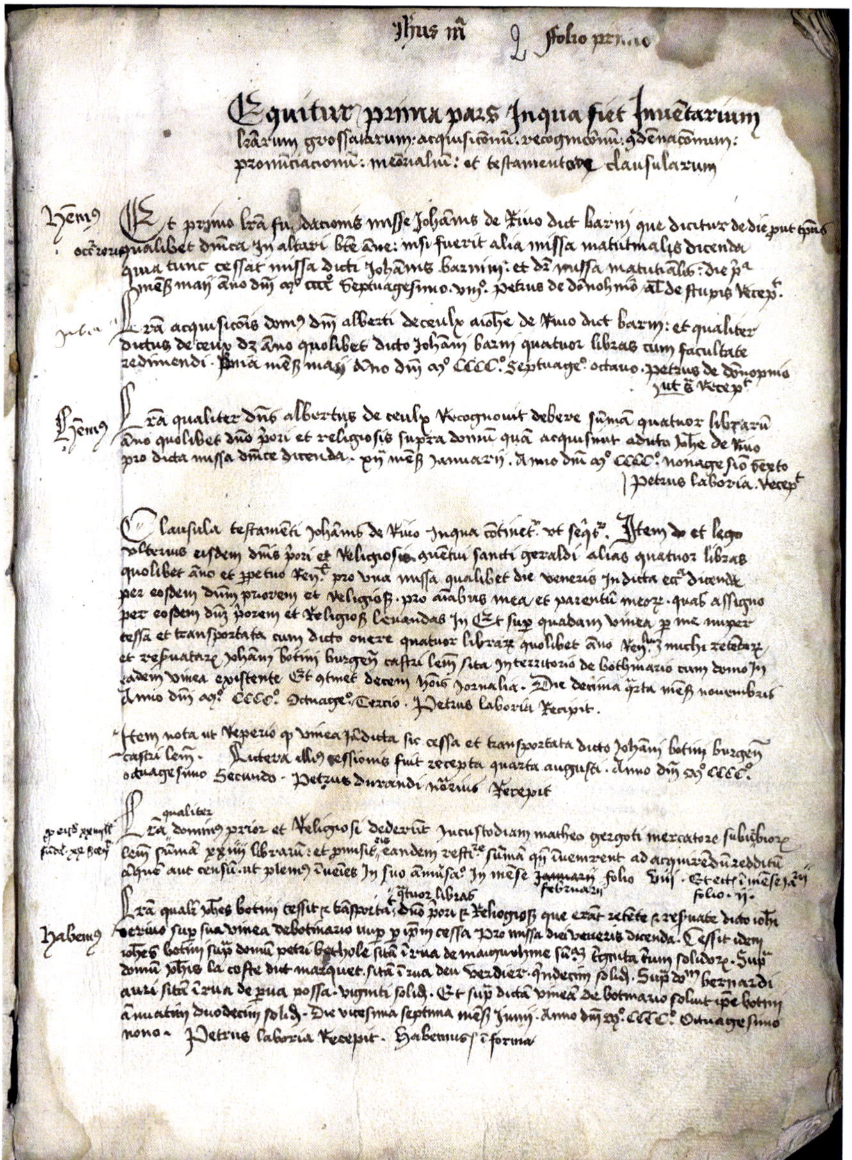

Pl. 10. — Terrier des anniversaires, l'inventaire des titres, f. I [2] (n[os] 8-15). (© ADHV).

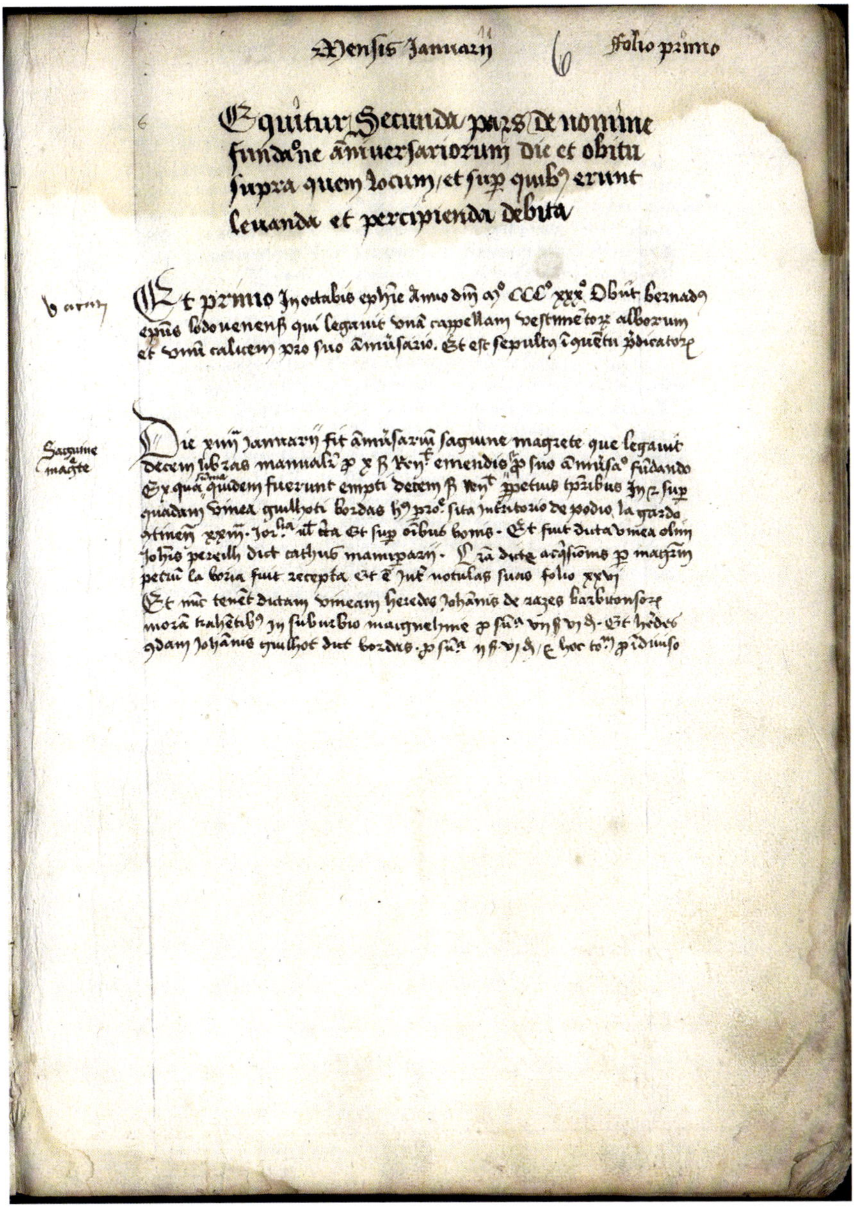
Mensis Januarii   6   Folio primo

Sequitur secunda pars de nomine fundatione anniversariorum die et obitu supra quem locum et super quibus erunt levanda et percipienda debita

Pl. 11. — Terrier des anniversaires, les fondations d'anniversaires, f. I [6]. Dans la marge gauche, les manchettes *vacat* et *Saguine Magrete* (n°s 74-75). (© ADHV).

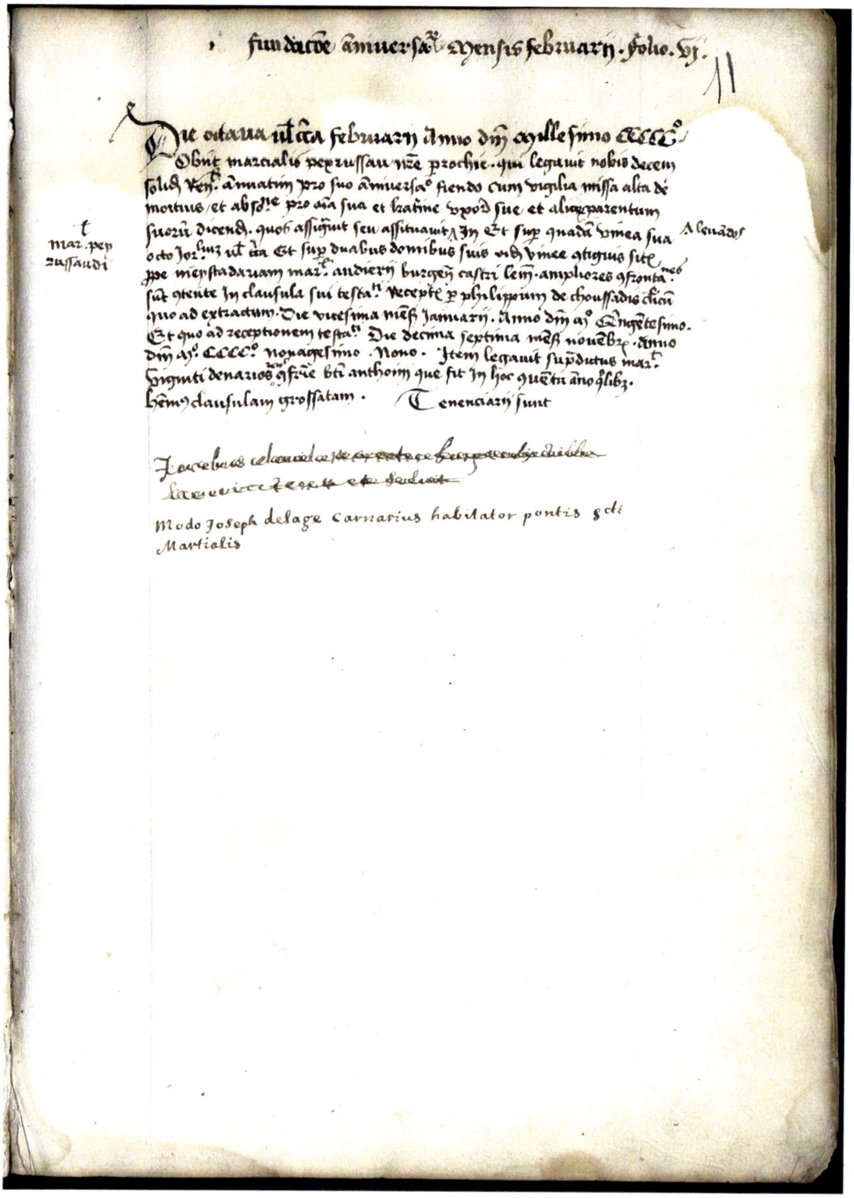

Pl. 12. — Terrier des anniversaires, f. I [6], 8 janvier 1500 (n° 80), avec une add. dans la marge droite et la manchette rappelant le nom du défunt dans la marge gauche. On remarque nettement les deux lignes verticales de justification. (© ADHV).

LE MANUSCRIT

Limoges, archives départementales de la Haute-Vienne H SUP Limoges 2 B 6

(*Répertoire*, n° 2759)

XVIe siècle (1513), papier épais, 275 × 200 mm.

Deux lignes verticales tracées à la mine, à 3 cm à gauche et 5 cm à droite, marquent la largeur de la surface écrite (± 12,5 cm), mais la ligne de droite n'est généralement pas respectée, les fins de ligne débordant le plus souvent dans la marge.

225 fol. à l'origine, dont de très nombreux fol. manquant, 113 fol. conservés. Nombreux feuillets verso blancs dans la partie initiale.

Foliotation fin XIXe siècle (sans doute due à A. Leroux lors de la rédaction de l'inventaire du fonds de l'hôpital) 1-113 [donnée entre crochets droits].

Foliotation XVIe siècle : [A], fol. primo-fol. IIII. – Puis : fol. primo-fol. XLIII. La foliotation des f. I à XLIII [6-48], en caractères de moyen module, suit le titre courant :

Mensis januarii, folio primo [6] ... *Fundacione anniversariorum. Mensis septembris, fol. XLIII.* [48].

À partir du fol. XLIIII [49] elle est faite de manière peu soignée, d'une écriture de petit module, fol. XLIIII-CCXVI – [+ 2 f. n. ch.]. On saute du fol. LXVIII [72] à CX [73]. — fol. CX à VI^XX^III [73-85]. Il n'y a pas de fol. CXIII. — fol. CLVI [87] – fol. CLXXXXIIII [88] à CCXVI [113], les deux derniers fol. n'étant pas foliotés.

Le texte du terrier des anniversaires, écrit de première main s'arrête au fol. XLIII [48]. Les feuillets restés vierges du registre ont été utilisés dès le milieu du XVIe siècle pour copier divers documents de gestion concernant Saint-Gérald.

Reliure contemporaine, en basane brune estampée, avec le dos renforcé par des lanières.

L'écriture des f. A-I-IIII, I-XLIII [1-48], qui constitue la partie originelle du ms., est une bâtarde livresque, tout à fait régulière et homogène[1].

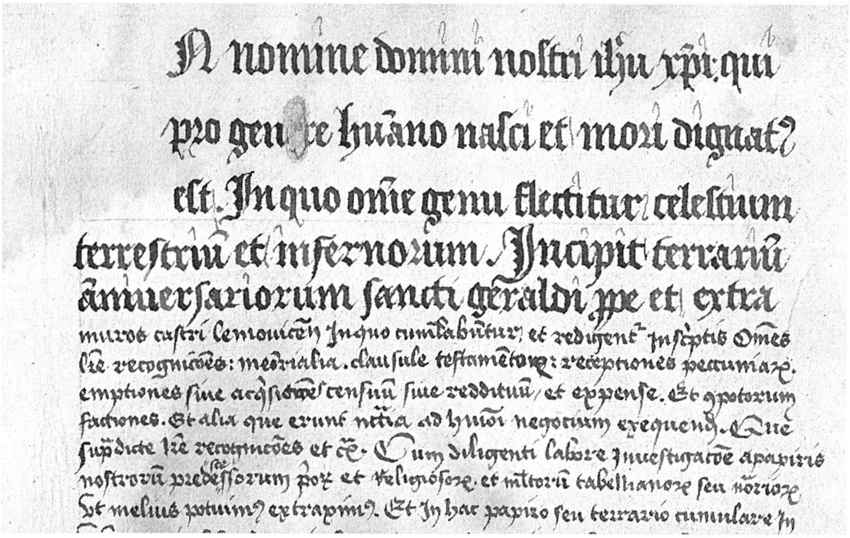

Fig. 1. – Les premières lignes du terrier.

Le copiste use d'assez peu d'abréviations, toutes usuelles : *a* suscrit, *9* initial (*con*), *us*, *ur* final, tilde pour *m/n*, *p*^{r}, *pro/pri*, *ƚre* (*littere*), *hm̄oi* (*hujusmodi*), *hm*^{9} (*habemus*), *mltoru* (*multorum*).

Le *i* est parfois pointé, mais ce n'est pas systématique. La ponctuation, rare (**.**, parfois **:**) reste aléatoire. Les phrases débutent avec une capitale, mais qui peut venir à la suite d'une ponctuation faible (virgule, qu'il ne connaît pas).

1. Voir G.I. Lieftinck, « Pour une nomenclature de l'écriture livresque de la période dite gothique », dans B. Bischoff, G.I. Lieftinck, G. Battelli, *Nomenclature des écritures livresques du IXe au XVIe siècle*, Paris, 1954, p. 15-34.

Le texte met en forme un document antérieur, perdu, dont la copie a été interrompue au fol. XLIII, mais qui couvrait l'ensemble de l'année, comme on le voit par les renvois aux fol. qui sont faits dans l'inventaire initial. Le terrier s'arrête en septembre : *fundacione anniversariorum mensis septembris, folio XL... XLIII.* Les dernières analyses renvoient aux mois d'octobre (n°s 61-65), de novembre (n°s 66-69) et décembre (n° 70), *Quere in mense octobris, Quere in mense novembris. Quere in mense decembris.*

On notera l'anniversaire de Vincent *de Grossa Radice, religiosus Sancti Geraldi,* le 25 mars (n° 87), qui demande *quod fiat dictum anniversarium in die mei obitus et scribatur in kalendario novi psalterii chori sinistri...*, mais on ne peut en tirer de conclusion sur l'existence d'un obituaire associé au psautier de chœur, la présence d'un calendrier en tête d'un psautier étant usuelle.

Son texte a fait l'objet d'un certain nombre de corrections, de sa main, souvent d'une écriture de plus petit module, parfois même très petit lorsqu'il s'agit d'additions interlinéaires. Certaines d'entre elles sont reportées en marge, ou en fin de ligne, avec un signe de renvoi, L, par ex. fol. VI [11], le plus souvent //. Quelques mots ont été supprimés par exponctuation. Dans la mesure où la copie est restée inachevée (janvier-septembre), on peut penser que ces corrections ont été faites juste après la copie des paragraphes concernés.

Le terrier s'ouvre fol. [1] avec un prologue, dont les cinq premières lignes sont d'une écriture de gros module. L'emplacement de la lettre **I** a été réservé, sur trois lignes, mais l'initiale n'a pas été ajoutée.

PROHEMIUM HUJUS OPERIS.

[I]N NOMINE DOMINI NOSTRI IHESU CHRISTI, QUI PRO GENERE HUMANO NASCI ET MORI DIGNATUS EST. IN QUO OMNE GENU FLECTITUR CELESTIUM, TERRESTRIUM ET INFERNORUM. INCIPIT TERRARIUM ANNIVERSARIORUM SANCTI GERALDI PROPE ET EXTRA muros Castri Lemovicensis, in quo cumulabuntur et redigentur in scriptis omnes littere, recogniciones, memorialia, clausule testamentorum, receptiones peccuniarum, emptiones sive acquisitiones censuum sive reddituum et expense, et compotorum factiones, et alia que erunt neccessaria ad hujusmodi negotium exequendum. Que supradicte littere, recogniciones etc., cum diligenti labore, investigacione a papiris nostrorum predecessorum, priorum et religiosorum et multorum tabellianorum seu notariorum ut melius potuimus extraximus. Et in hoc papiro seu terrario cumulare in unum curavimus seu decrevimus, non derogando papirum rubeam et alia documenta si qua invenire possint huic operi habeant adjungere si placet.

Le prologue se poursuit en donnant la date de la rédaction, le 11 juin 1513, et les noms des huit religieux composant la communauté de Saint-Gérald, le prieur étant Symon Teulier, attesté entre 1511 et 1530.

Inceptumque fuit hoc terrarium in mense junii circa festum beati Barnabe apostoli[1] anno Domini M° CCCCC° tredecimo, regnante papa nostro Leone, rege nostro Ludovico, antiste nostro |*sede vacante*|, domino priore nostro fratre Symone Teulerii, religiosis fratribus Ludovico Beletaudi, Vincencio de Grossa Radice, Guilhelmo de Matheo, priore de Clidaco, Nycolao Chabessier, Jacobo Rosaudi, priore de Fontibus, Matheo Regis et Johanne Teulerii.

Le copiste n'a toutefois pas donné son nom, mais on peut penser qu'il s'agit d'un religieux de la maison, dans la mesure où il parle à plusieurs reprises de « notre prieur », frère Symon Teulier.

On peut se demander, au regard de la formulation de l'acte, s'il ne s'agirait pas de Vincent *de Grossa Radice*,qui avait fondé son anniversaire par acte du 28 janvier 1488, reçu par le notaire Pierre de Boria ?

[18] fol. XIII. (87) Die XXVª mensis marcii et erit in Annun\cia/cione beate Marie Virginis, fit anniversarium pro animabus patris et matris meorum et avunculi mei domini Stephani de Grossa [Radi]ce, olim capellani de Beuna, et aliorum parentum benefactorumque meorum quamdiu ego, Vincencius de Grossa [Radi]ce, religiosus Sancti Geraldi in humanis vixero, et post decessum mesum, volo quod fiat dictum anniversarium in die mei obitus et scribatur in kalendario novi psalterii chori sinistri, et pro ipsis jamdictis fiat in die sancti Vincencii martiris[2] prout hic fundavi pro eis…

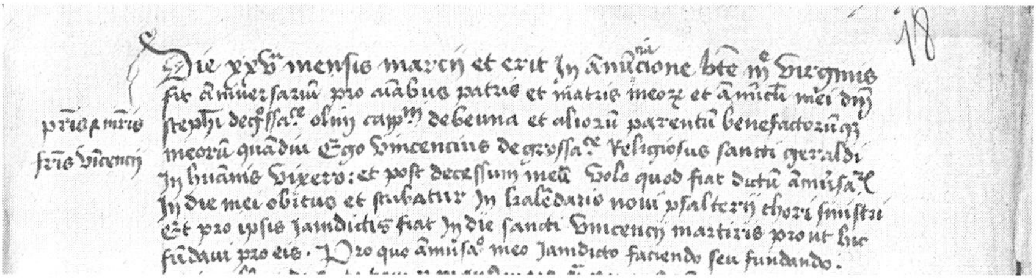

Fig. 2. – La fondation de Vincent de Grossa Radice, f. 18 [XIII].

fol. I-IIII [2-5] : Table des actes de fondation d'anniversaires, par mois. Le contenu de chacune des parties de la table est précisé :

1. Le 11 juin dans le calendrier de Limoges au xvie siècle.
2. Le 22 janvier.

In prima \parte/ fiet inventarium litterarum recognicionum, legacionum, fundacionum et clausularum testamentorum memorialium etc.

In secunda parte erit de nomine fundatione anniversarium die et obitu supra quem locum et super quibus erunt levanda et percipienda debita.

In tercia parte erit de eorum solucione, levacione et receptione.

In quarta parte erit de eorum valore computacione et partificacione, expensis litigationibus, notificacione et \de/ non valentibus seu gaudentibus non computatis nominacione.

À la fin de chaque analyse, il est renvoyé au feuillet du terrier où figure l'acte et, dans la marge gauche, en manchette, la mention *Habemus*, pour la plupart des actes, pour quelques-uns *Vacat*, mais généralement mis d'une autre main, renvoyant aux originaux conservés dans les archives. Les renvois aux feuillets sont faits jusqu'au fol. XLI, mais ne sont plus donnés à partir du fol. XLIII^{v}, fin de septembre.

fol. I-XLIII [6-48] : Actes de fondation d'anniversaires, remontant au XIVe siècle (Bernard Gui), mais essentiellement de la seconde moitié du XVe siècle, sous les prieurats de Jacques Teulier (...1473-1497...), G. Guain et Symon Teulier (...1511-1530...), avec quatre additions. de 1515 (n° 88), 1522 (n° 101), 1523 (n° 91) et 1528 (n° 125), et quelques compléments additionnels à certaines fondations (n°s 80, 106, 108, 119, 120-122).

Pour faciliter son utilisation, le copiste a indiqué en marge gauche, en manchette le nom du fondateur ou du bénéficiaire de l'anniversaire.

f. XLV-LXVIII, CX-VI^{XX}III [50-86]. Copies d'actes notariés, reconnaissances, actes de ventes, contrats concernant les propriétés et les revenus du prieuré à Limoges et aux environs.

f. VI^{XX}IIIv [86^{v}]. Oraison.

Haec oratio devotissima debet proferri ... flexis genibus cum magna attentione et debet dici in omni periculo...

Domine Deus omnipotens, quia ego servus tuus sum, servio tibi hodie et confiteor coram majestate, in cujus conspectu omni magnificentia et sanctimonia, amen[1]...

1. Oraison absente de dom P. Bruylants, *Les oraisons du missel romain, texte et histoire*, Louvain, 1952.

f. CLVI [87r]. Érection de la confrérie des saints Léobon[1] et Gérald en 1525. Cette confrérie n'est pas mentionnée dans le pouillé de Nadaud, et il n'en est pas question dans le petit fonds de l'hôpital. Texte cancellé.

Ad laudem Dei omnipotentis et intemerate Virginis Marie et beatorum confessorum Leoboni et Geraldi fuit incepta confratria dictorum confessorum, anno Domini millesimo Vmo XXVo, per dominum priorem et religiosos de quibus nomina sequuntur.

Liste de 24 noms, commençant avec les religieux de Saint-Gérald.

Dominus prior frater Simon Teulerii.

Frater Ludovicus Beletaudi.

Frater Guillermus de Matheo.

Frater Jacobus Crosaudi

Frater Petrus Crosaudi.

Frater Leonardus Rathuret.

Frater Johannes de Bellobrolio.

Frater Franciscus Bailhoti.

Leger Magret. Solvit X d.

Franceys Naugeras. Solvit X d.

Dame Katherine de la Règle.

Madeleine Ribot. Solvit X d.

Maleguise, prioresse, de Bellaubre[2].

Franceys Naugeras. Solvit V d.

Jehan de Beaubreuil.

Jehan Tenaman.

Marguerite Monsourdo, X d.

Madaleine Riboto, X d.

Francays Navieras, X d.

Jehan Tenamand, X d.

1. Sur saint Léobon, *v.* M. Legros, *Martyrologe du diocèse de Limoges*, ADHV, I SEM 25, p. 287, le 13 octobre. « (1) Au Grand-Bourg de Salagnac, diocèse de Limoges, saint Léobon, solitaire, mort sur ce lieu, plein de vertus et de mérites. Son culte est fort ancien dans ce diocèse… (6e ou 7e siècle). » (éd. p. 234). Voir aussi le 14 et le 20 octobre (éd. p. 235 et 241).

2. Il n'y a pas de prieuré de ce nom au diocèse de Limoges, mais une seigneurie de Bellabre, à Bujaleuf (HV, con d'Eymoutier), *v.* A. Lecler, *Dict. de la Haute-Vienne*, p. 127.

Leonard Peyroch, X d.

Leger Magret, V d.

Katherine deu Bastinet.

Dame Marguerite, prioresse, de Bellaubre, X d.

f. CLXXXXXIIII^{rv} [88]. Décision prise le 4 mars 1552 par les religieux de Saint-Géraud, Léonard Mathivet, Germain Gergot, Marcial Bailhot, Salvy Beynel, Pierre Gonhe, Jehan Bodau, Jehan Picard relative aux anniversaires de Jehan du Rieu, alias Barny, et aux autres anniversaires célébrés dans l'année (voir l'Annexe, n° 126).

f. CXCV-CXVI [89-112]. Censier des anniversaires à l'usage du bayle des anniversaires du prieuré[1].

« S'ensuivent les cens et rentes deubz aulx anniversayres de Sainct-Gérauld, et premièrement en froment... » , commencé peu avant 1545. Seuls figurent les noms des débiteurs des cens et rentes, sans mention explicite des fondations d'anniversaire.

f. [112-113] = Quittances diverses.

Indiqué : Alfred Leroux, *Inventaire sommaire des archives hospitalières antérieures à 1790. Haute-Vienne. Ville de Limoges. 2e fonds : Hôpital de Saint-Gérald, uni à l'hôpital général*, Limoges, 1884-1887, p. 4. — Alfred Leroux, *Les sources de l'histoire du Limousin*, Limoges, 1895, p. 172[2]. — *Répertoire*, p. 1138-1139, n° 2759.

Rappel des fondations

— Jacobus Boubiat et mater sua Cicila, – 72.

— Johannes Botini, – 15.

— Johannes de Rivo, dict Barni, – 9-10.

— Matheus Gergoti, anniv., – 14.

01 Saguina Magrete, anniv., – 18 > f. I.

03 Vincencius de Grossa Radice, frater, – 19 > f. III.

1. Voir les autres terriers et censiers postérieurs, 2 B 8-11, et A. Leroux, *Les sources de l'histoire du Limousin*, p. 200.
2. A. Leroux n'indique pas la cote du ms. (alors qu'il a fait l'inventaire du fonds) et se contente de mettre : « Obituaire du monastère de Saint-Gérald de Limoges (cité dans le *Glossaire* de Ducange-Henschel, VII, 444) ».

04 Johannes Corteta, – 20 > f. IV.

05 Bernardus Broau, – 17 > f. V.

06 Marcialis Peyrussau, – 22 > f. VI.

07 Johanna Roucelle \relicta/ Johannis Bordas, – 21 > f. VII.

08 Matheus Gergot, clausula testamenti, – 16 > f. VIII.

09 Petronille Molina de villa Bellac anniv., – 23 < f. IX.

10 Johanna Varenas anniv., – 24, 71 > f. X.

11 Petrus de Narbolieras, anniv., – 25 > f. XI.

12 Guilhelmus de Bello Brolio, anniv., – 26 > f. XII.

13 Vincencius de Grossa [Radi]ce, – 27 > f. XIII.

14 Stephanus de Podio Ponchet et Cecilie Texiere ejus uxor, anniv., – 28 > f. XIIII.

15 Stephanus Sudroti. anniv., – 29 > f. XV.

16 Stephanus junior dominus de Grossa Radice, anniv., – 30 > f. XVI.

17 Petrus Magret alias Mansi deu Teule, anniv., – 31 > f. XVII.

18 Mirigotus Yvers, – 32 > f. XVIII.

19 Marcialis de Bello Brolio et Gilla de La Faya, – 34 > f. XIX.

20 Marcialis de la Lando, – 35 > f. XX.

21 Anthonius de Fagia, sive de Podio Ponchet, anniv., – 36 > f. XXI.

22 Johannes dict Joau Prally, anniv. – 37 > f. XXII.

23 Mariotha Bailhout anniv. (in clausula testamenti Mathei Gergot), – 38 > f. XXIII.

24 Johannes de Rupe, anniv., – 40 > fol. XXIIII.

25 Marcialis Rochau, anniv., – 41 > fol. XXV.

26 prior et religiosi, – 42 > fol. XXVI.

27 Anthonius de Fagia sive de Podio Ponchet, anniv., – 43 > fol. XXVII.

28 Johannes Romaneti, burgensis, anniv., – 44 > fol. XXVIII.

29 Petrus lou \Gou/ et Gilla de Bello Brolio, anniv., – 45 > fol. XXIX.

30 Littera trium eyminarum frumenti censualium, – 46 > fol. XXX.

31 Gregorii Crosa, anniv., – 47 > fol. XXXI.

32 Petrus Prunelli, anniv., – 48 > fol. XXXII.

33 Anthonius de Fagia sive de Podio Ponchet frater, – 49 > fol. XXXIII.

34 Johannes et Johanna de La Faya, anniv., – 57 > fol. XXXIIII.

35 Johannes Rocho, anniv., – 50 > fol. XXXV.

36	Petrus Teulerii, frater, anniv., – 51 > fol. XXXVI.
38	Matheus Disnamandi, exequutores, – 52 > fol. XXXVIII.
39	Guilhemeta Jouvionde, anniv., – 53. > fol. XXXIX.
40	Eymericus Larchadre, anniv., – 54 > fol. XL.
41	Petrus Filhou, anniv., – 55 > fol. XLI.
42	Jacobus Teulerii, anniv., – 56 > fol. XLII.
maii	Marcialis Mercerii, anniv., – 39.
septembris	Petrus Filhou, – 33.
septembris	Jacobus Teulerii quondam prior hujus conventus, – 58.
septembris	Johannes de Rivo dict Berni, anniv., – 60.
septembris	Petrus Magret, anniv., – 59.
octobris	Johannes de Podio Ponchet, dict Prally anniv., – 63.
octobris	Johannes Gergot senior, anniv., – 65.
octobris	littera recognicionis et altera condamnacionis, – 61.
octobris	Marcialis Bori, burgensis Castri, anniv., – 62.
octobris	Margarita Boria, anniv., – 64.
novembris	Petrus Solier, donatus noster, anniv., – 65*.
novembris	Petrus Ranso alias Charbonier, anniv., – 67.
novembris	Johanna Mosniera, relicta quondam Johannis de Rivo, – 68.
novembris	Petrus de Bello Brolio, anniv., – 69.
decembris	Johannes Jarrigon, anniv., – 70.

ÉDITION

SIGNES CRITIQUES UTILISÉS POUR L'ÉDITION*

[...]	Lettres ou mots existants, mais non déchiffrés.
[abc]	Lettres ou mots disparus et restitués.
⟦abc⟧	Lettres ou mots rayés ou érasés.
<abc>	Lettres ou mots omis par le scribe, mais nécessaires au sens (‹...› dans mot).
{abc}	Mots répétés par le scribe.
(abc)	Résolution d'abréviation, uniquement pour les cas douteux, ou pour les prénoms usuels limités à l'initiale.
abc	Additions au texte de première main.
\abc/	Additions interlinéaires.
abc	Rubriques.
(*mg.*)	*In margine*, en marge.

* Ces signes ont été retenus pour l'édition des documents nécrologiques lors de la table ronde du CNRS tenue au Centre Augustin-Thierry de l'IRHT en 1979 et sont utilisés pour la publication des nécrologes et obituaires dans la série in-8° des « Obituaires » du *Recueil des historiens de la France* publiée par l'Académie des inscriptions et belles-lettres. Voir J.-L. Lemaitre, « Directives pour la publication d'une édition de document nécrologique », dans *Répertoire des documents nécrologiques français. Troisième supplément (1993-2008)*, Paris, 2008, p. 145-158.

TERRIER DES ANNIVERSAIRES DE SAINT-GÉRALD DE LIMOGES

Archives départementales de la Haute-Vienne, H SUP Limoges 2 B 6
(*Répertoire*, n° 2759)

[1]

Jhesus Maria

Prohemium hujus operis.

(1) [**I**]N [1] NOMINE DOMINI NOSTRI IHESU CHRISTI, QUI PRO GENERE HUMANO NASCI ET MORI DIGNATUS EST. IN QUO OMNE GENU FLECTITUR CELESTIUM, TERRESTRIUM ET INFERNORUM.

(2) Incipit terrarium anniversariorum Sancti Geraldi prope et extra muros Castri Lemovicensis, in quo cumulabuntur et redigentur in scriptis omnes littere, recogniciones, memorialia, clausule testamentorum, receptiones peccuniarum, emptiones sive acquisitiones censuum sive reddituum et expense, et compotorum factiones, et alia que erunt neccessaria ad hujusmodi negotium exequendum. Que supradicte littere, recogniciones etc., cum diligenti labore, investigacione a papiris nostrorum predecessorum, priorum et religiosorum et multorum tabellianorum seu notariorum ut melius potuimus extraximus. Et in hoc papiro seu terrario cumulare in unum curavimus seu decrevimus, non derogando papirum rubeam et alia documenta si qua invenire possint huic operi habeant adjungere si placet.

1. Espace réservé sur 3 lignes pour la lettre **I**, qui n'a pas été réalisée.

(3) Inceptumque fuit hoc terrarium in mense junii circa festum beati Barnabe apostoli[1] anno Domini M° CCCCC° tredecimo, regnante papa nostro Leone[2], rege nostro Ludovico[3], antiste nostro |*sede vacante*[a) 4]|, domino priore nostro fratre Symone Teulerii[5], religiosis fratribus Ludovico Beletaudi[6], Vincencio de Grossa Radice[7], Guilhelmo de Matheo, priore de Clidaco[8], Nycolao Chabessier[9], Jacobo Rosaudi, priore de Fontibus[10], Matheo Regis[11] et Johanne Teulerii. Et erunt in hujusmodi opere quatuor partes :

a) *Add. mg.*

(4) In prima *parte*/ fiet inventarium litterarum recognicionum, legacionum, fundacionum et clausularum testamentorum memorialium etc.

1. Le 11 juin dans le calendrier de Limoges.
2. Léon X, élu le 11 mars 1513, mort le 1er déc. 1521.
3. Louis XII, sacré le 27 mai 1498, mort le 1er janv. 1515.
4. La succession du 73e évêque, Guillaume Barton, est compliquée : élu le 25 novembre 1510, il se démet en 1513 et est transféré à Lectoure, Foucaud de Bonneval, élu en 1513 se démet cette même année et est transféré à Soissons,... Renée de Prie, évêque de Bayeux, prend possession le 26 septembre 1514, se qualifie seulement d'administrateur perpétuel, et se démet en 1516... Philippe de Montmorency élu le 18 octobre 1516, ne prend possession du siège que le 31 octobre 1528... *v.* J. Nadaud, « Pouillé », p. 54-55.
5. Prieur attesté en 1510 et 1530, *Filius Stephani Teulerii*, *v.* nos 94 (1502), 102.
6. Voir nos 94 (1502) et 103.
7. Voir nos 9, 27, 87, 92, 94 (1502), 107, *et Stephanus de Grossa Radice, olim capellanus de Beuna*, nos 27, 87 ; – *avunculus Vincencii de Grossa Radice*, n° 27.
8. Voir n° 94 (1502). Clédat (Corrèze, con de Bugeat, cne de Grandsaigne), prieuré ou maison-Dieu, sous le vocable de sainte Madeleine, *v.* J. Nadaud, « Pouillé », p. 671.
9. Voir n° 94 (1502).
10. Voir n° 94 (1502). Il peut s'agir du prieuré de Fons (Lot, con de Figeac-Ouest), prieuré de l'abbaye de Figeac, *v.* J.-M. Besse, *Abbayes et prieurés de l'Ancienne France*. t. IV, *Provinces ecclésiastiques d'Alby, de Narbonne et de Toulouse*, Ligugé-Paris, 1911, p. 34 [cumul de bénéfice de la part du frère]. Ce prieuré n'est pas donné comme prieuré de Saint-Gérald dans la liste de dom Becquet (*supra*).
11. Voir n° 94 (1502).

(5) In secunda parte erit de nomine, fundatione, anniversariorum die et obitu supra quem locum et super quibus erunt levanda et percipienda debita.

(6) In tercia parte erit de eorum solucione, levacione et receptione.

(7) In quarta parte erit de eorum valore computacione et partificacione, expensis litigationibus, notificacione et *de*/ non valentibus seu gaudentibus non computatis nominacione.

[2] **Folio primo.**

Ihesus Maria

(8) Sequitur prima pars in qua fiet inventarium litterarum grossatarum, acquisicionum, recognicionum, condemnacionum, pronunciacionum, memorialium et testamentorum clausularum.

(9) Et primo littera fundacionis misse Johannis de Rivo, dict Barni[1], que dicitur de die prout tempus occurerit[a)] qualibet dominica in altari beate Anne, nisi fuerit alia missa matutinalis dicenda, quia tunc cessat missa dicti Johannis Barnini et dicitur missa matutinalis ; die prima mensis maii anno Domino M° CCCC° septuagesimo VIII°, Petrus de Domnohnio alias de Stupis recepit.

(*mg.*) Habemus.

a) *mg.*

(10) Littera acquisicionis domus domini Alberti de Ceulx[2] a Johanne de Rivo dict Barni, et qualiter dictus de Ceux debet anno quolibet dicto Johanni Barni quatuor libras cum facultate redimendi, prima mensis maii anno Domini M° CCCC° septuagesimo octavo. Petrus de Domnopnio ut supra recepit.

(11) Littera qualiter dominus Albertus de Ceulx recognovit debere summam quatuor librarum anno quolibet domino priori et religiosis supra domum quam acquisivit a dicto Johanne de Rivo pro dicta missa dominice dicenda XII[a] mensis januarii anno

1. Voir n[os] 9-12, 60, 68, 107, 125 ; sa veuve *Johanna Mosniera*, n[os] 68, 107.
2. Voir n[os] 10-11, 121.

Domini M° CCCC° nonagesimo sexto. Petrus la Boria[1] recepit. (*mg.*) Habemus.

(12) Clausula testamenti Johannis de Rivo, in qua continetur ut sequitur : Item do et lego ulterius eisdem dominis priori et religiosis conventui Sancti Geraldi alias quatuor libras quolibet anno et perpetuo rend. pro una missa qualibet die veneris in dicta ecclesia dicenda per eosdem dominum priorem et religiosos pro animabus mea et parentum meorum, quas assigno per eosdem dominum priorem et religiosos levandas et in super quadam vinea per me nuper cessa et transportata cum dicto onere quatuor librarum quolibet anno rend. michi, retentarum et reservatarum Johanni Botini burgensis Castri Lemovicensis[2], sita in territorio de Bothinario[3] cum domo in eadem vinea existente, et continet decem hominis jornalia, die decima quarta mensis novembris anno Domini M° CCCC° octuagesimo tercio. Petrus la Boria[4] recipit.

(13) Item nota ut reperio quod vinea predicta sic cessa et transportata <est> dicto Johanni Botini burgensis Castri Lemovicensis. Littera illius cessionis fuit recepta quarta augusti, anno Domini M° CCCC° octuagesimo secundo. Petrus Durandi notarius recepit.

(14) Littera \qualiter/ dominus prior et religiosi dederunt in custodiam Matheo Gergoti[5], mercatore suburbiorum Lemovicensium, summam XXIIII librarum, et promisit \eis/ eandem vestire summam quam invenirent ad acquirendum redditum aliquem aut censum, ut plenius invenies in suo anniversario in mense [[januarii]] februarii, folio VIII[6]. Et est in mense januarii folio II[7].

(*add. mg.*) *Pro eisdem XXIIII libr. fundavit XX sol. cens.*

1. Voir n°s 12, 15, 75, 84-85, 87, 92, 98, 107, 110, 115, 121, et *Petrus de Boria (magister)*, n° 112.
2. Voir n°s 13, 15.
3. L.-d. disp. à Limoges.
4. Voir n° 11.
5. Voir n°s 14, 16, 38, 76, 82, 100-101 ; – *Mariota Bailhote, ej. uxor* ; *Petrus, pater Mathei Gergot*, n°s 16, 76, 82.
6. Voir n° 82.
7. Voir n° 16.

(15) Littera qualiter Johannes Botini[1] cessit et transportat \quatuor libras/ domino priori et religiosis que erant retente et reservate dicto Johanni Botini super sua vinea de Botinario[2] nuper per ipsum cessa pro missa die veneris dicenda. Cessit idem Johannes Botini super domum Petri Bethole sitam in rua de Maignehnie[3] summam triginta trium sol. supra domum Johannis Lacoste dict Marquet, sitam in rua deu Verdier[4], quindecim solidos supra domum Bernardi Auri sitam in rua de Parva Possa[5], viginti solidos. Et super dictam vineam de Botinario solvit ipse Botini annuatim duodecim solidos, die vicesima septima mensis junii, anno Domini M° CCCC° octuagesimo nono. Petrus la Boria recepit[6]. Habemus in forma.

(*mg.*) Habemus.

[2v] **Prima pars De.**

(16) Clausula testamenti Mathei Gergot[7], in qua clausula sive testamento confitetur nobis summam sexaginta sol. pro tribus anniversariis, videlicet pro suo, patri sui Petri Gergot et Mariothe Bailhouto, moilhier[8] dicti Mathei Gergot. Require in cathedra sancti Petri mensis februarii[9], folio VIII[10].

(*mg.*) Habemus.

1. Voir n° 12.
2. Voir n° 12, l.-d. disp. à Limoges.
3. La rue Manigne, dans le Château, aboutissant à la place du même nom au nord-est de Saint-Gérald.
4. Rue disparue.
5. Rue du quartier des Pousses, *v.* P. Ducourtieux, « Limoges », p 169.
6. Voir n° 11.
7. Voir n° 14.
8. Occit. *Molher*, femme, épouse.
9. Le 22 février, *v.* le martyrologe de M. Legros, ADHV, I SEM 25, p. 53 : « **22**. D. vij. *Le huit des calendes de mars…* (1) À Antioche, la chaire de saint Pierre, apôtre, où les disciples furent nommés chrétiens pour la première fois : fête célébrée depuis plus de sept siècles dans le diocèse de Limoges, et dont on y fait maintenant la solemnité, avec celle de la chaire de saint Pierre à Rome, le six du mois de juillet. » (éd. p. 52).
10. Voir n° 82.

(17) Littera qualiter Bernardus Broau[1] dimisit nobis viginti solidos rend. super \quoddam/ pratum suum de las Varenas situatum in manso prati Sancti Aredii[2] prope Sancti Geraldi. Require in suo anniversario in mense januarii folio V[3].

(*mg.*) *Habemus clausulam sui testamenti.*

(18) Littera acquisitionis decem sol. rend. super quadam vinea Guilhoti Bordas[4], hujus parrochie, pro anniversario Saguine Magrete[5]. Quere in anniversario ejusdem in mense januarii folio primo[6].

(19) Littera qualiter frater Vincencius de Grossa Radice[7] emit unam eyminam frumenti \summam LXV sol./ a Johanne Chambon[8], mercatore, quam dicebat se habere in et super XVII lezas[9] a nobis nuper acquisitas, Et etiam pro acquisitione dictarum lezarum fundaverat de suo summam XL sol. Et sic erit in summa centum V^{e} sol. Quere in mense januarii in die sancti Vincentii[10], folio tercio[11].

(*mg.*) Habemus.

(20) Littera qua(liter) Johannes Corteta[12] legavit nobis integram decimam in et super quadam vinea sua sita super costas Vigene

1. Voir n° 79, obit le 27 janv. 1471.
2. L.-d. disp. à Limoges.
3. Voir n° 79.
4. Voir n°s 84 (1484), 121.
5. Voir n° 75.
6. *Id.*
7. Voir n° 3.
8. Voir n° 77, *mercatore seu burgensi Castri Lemovicensis*, 1503.
9. Voir Du Cange, *Glossarium*, éd. P. Carpentier, G.A.L. Henschel, L. Favre, t. V, p. 86, qui renvoie à l'obituaire de S. Gérald (= leyde). En fait il s'agit d'une pièce de terre ou de pré plus longue que large, *v.* Dom Duclou, *Dictionnaire de la langue limousine*, p. 166, *et v.* le n° 113. Le terme est absent du *Lexique roman* de F. Raynouard et du *Provenzalisches Supplement Wörterbuch* de E. Levy.
10. Le 22 janvier.
11. Voir n° 77.
12. Voir n° 78, obit le 24 janvier 1458.

juxta et ultra molendinum Moureu[1]. Quere in mense januarii in Conversione sancti Pauli[2], folio quarto[3].

(*mg.*) *Vacat.*

(21) Littera qualiter Johanna Roucelle[4] \relicta/ Johannis Bordas legavit novis II sol. VI den. pro una missa bassa submissa voce. Quere in suo anniversario in mense [[januarii]], februarii, folio VII[5].

(*mg.*) Habemus.

(22) Littera qualiter Marcialis Peyrussau[6] legavit nobis decem solidos renduales super quadam vinea sua sita juxta meystadaria[7] Marcialis Auderii[8]. Quere in suo anniversario in mense januarii et etiam legavit XX den. confratrie sancti Anthonii, que in hoc conventu celebratur, folio VI[9].

(*mg.*) Habemus.

(23) Littera fundationis anniversarii Petronille Molina[10] de villa Bellac[11], decem solidos rend. Quere in suo anniversario in mense februarii, folio IX[12].

1. Voir n°s 78, 95. Moulin disparu sur la Vienne. La feuille d'assemblage du cadastre de Limoges de 1814 porte sur la rive gauche de la Vienne, aux confins de Limoges et de Condat, un « moulin du Beau Moureu » qui n'apparaît plus sur la feuille elle-même (Romanet, G 1).
2. Le 15 janvier.
3. Voir n° 78.
4. Voir n° 81, son obit le 18 février 1492. Dans la copie de l'acte, *Johannis* a été cancellé et remplacé par *Leonardi*.
5. Voir n° 81.
6. Voir n°s 42, 80, son obit le 8 février 1500 (*vel circa*) ; 95, 104, et *Katerina uxoris sue*.
7. Occit. *metadaria*, « métairie », E. Levy ne donne que le sens de « bail à moitié fruit », terme absent du *Dictionnaire* de dom Duclou et du *Lexique roman* de F. Raynouard.
8. *Burgensis Castri Lem.*, *v.* n°s 80, 94.
9. Voir n° 80.
10. Voir n° 83, *mater fratris Jacobi Teulerii, quondam prioris hujus cenobii*, son obit le 25 février 1471, n° 102.
11. Bellac (HV, ch.-l. de c^on^).
12. Voir n° 83.

(24) Littera fundationis seu acquisitionis \quinque sol./ anniversarii Johanne Varenas[1] etiam ejusdem ville. Quere in fine mense februarii folio X[2].

[3] **Inventario litterarum folio II.**

(25) Littera acquisitionis quinque sol. rend. pro anniversario nobilis viri Petri de Narbolieras[3], supra Petrum Bonet[4], de Raphilou[a)][5]. Quere circa principium mensis marcii, folio XI[6].

a) supra… *à la suite avec signe de renvoi.*

(26) Littera fundacionis anniversarii Guilhelmi de Bello Brolio[7]. Quere in mense marcii. Habemus ipsam grossatam. Quere in mense marcii folio XII[8].

(*mg.*) Habemus.

(27) Littera fundacionis \anniversarii/ decem sol. rend. fratris Vincencii de Grossa [Radi]ce[9] quod fit in die Annunciacionis Beate Marie[10] pro animabus patris et matris suorum et sui avunculi Stephani de Grossa [Radi]ce, olim cappellani de Beuna[11], quamdiu ipse fundator vivet, et \post/ ejus decessum fiet in die sui obitus. Quere in mense marcii, folio XIII[12].

1. Voir n°s 71, 81; – *parrochie Sancti Salvatoris prope Belacum*, 84. Sur Saint-Sauveur, *v.* J. Nadaud, « Pouillé », p. 237, et A. Lecler, *Dict. de la Haute-Vienne*, p. 70.
2. Voir n° 84.
3. Voir n°s 85, 92, *nobilis vir*, son obit le 11 mars. Naboliéras, Naboulıéras… était un village de la paroisse de Glanges (HV, c^on^ de Saint-Germain-les-Belles), La famille n'apparaît pas dans le *Nobiliaire* de Nadaud (qui renvoie à Lesboulière, t. III, p. 78).
4. Voir n° 92, et *Valeria Mathive ejus uxor.*
5. Voir n° 85. *Rafilhoux*, rue et quartier de Limoges.
6. Voir n° 85.
7. Voir n° 86, son anniversaire le 16 mars, acte du 25 février 1429, et *Agnes ejus conjuge, et ut tutrix suorum liberorum, videlicet Petri lou Guo et aliorum…*
8. Voir n° 86.
9. Voir *supra* n° 3.
10. Le 25 mars.
11. Beaune, village intégré à Limoges en 1962, J. Nadaud, « Pouillé », p. 384-385.
12. Voir n° 87.

(28) Littera sive clausula testamenti quinque sol. \rend./ anniversarii Stephani de Podio Ponchet[1] et Cecilie Texiere ejus uxore. Quere in mense aprilis, folio XIIII[2].

(29) Littera acquisitionis decem sol. rend. anniversarii domini Stephani Sudroti[3]. Quere in suo anniversario in mense aprilis, folio XV[4].

(30) Littera fundacionis et acquisitionis decem sol. rend. anniversarii \Stephani junioris/ domini de Grossa Radice[5]. Quere infra in suo anniversario in mense aprilis, folio XVI[6].

(*mg.*) Habemus.

(31) Littera fundacionis et acquisitionis decem solidorum rend. anniversarii Petri Magret, alias mansi deu Teule[7]. Quere in mense aprilis, folio XVII[8].

(32) Littera fundacionis et legacionis unius sestarii frumenti Mirigoti Yvers[9] supra suas decem septem lesas fundatum et nuper a nobis acquisitas pro suo anniversario fiendo[a)]. Quere in suo anniversario in mense aprilis, folio XVIII[10].

a) pro… fiendo, *à la suite avec signe de renvoi.*

1. Voir n° 89, son obit le 2 avril 1489.
2. Voir n° 89.
3. Voir n° 90, son obit le 3 avril 1504.
4. Voir n° 90.
5. Voir n°s 85, 92, son obit le 8 avril 1492.
6. Voir n° 92.
7. Voir n°s 59 (texte absent du terrier, dont la copie cesse avec l'obit de Jacques Teulier le 14 septembre…), 93, son anniversaire le 11 avril, fondation du 4 avril 1461).
8. Voir n° 93.
9. Yvers de Condadilho (Mirygotus), de la paroisse de Saint-Paul (HV, c^on^ de Pierrebuffière), son anniversaire le 14 avril, voir n°, 94 fondation modifiée par acte du 24 novembre 1502.
10. Voir n° 94.

(33) Littera qualiter frater Petrus Filhou[1] dimisit et cessit suam quamdam vineam sitam in clauso de la Drappario[2] priori et religiosis pro suo anniversario, et pro anniversario Petri Charbonier alias Ranso[3] fiendis. Quere in mense septembris[4].

(34) Littera qualiter Marcialis de Bello Brolio[5] et Gilla de la Faya tradiderunt \domino/ priori et religiosis decem libras pro anniversario Agnetis[6] ejusdem loci, et quid sit acquisitum de illa pecula[a)]. Quere in ejus anniversario, in mense maii, folio XIX[7].

(*mg.*) Habemus.

a) et quid... *à la fin avec signe de renvoi.*

(35) Littera sive clausula testamenti decem sol. rend. Marcialis de la Lando[8], parrochie Sancti Genciani[9], Lemovicensis diocesis, que renta fuit assignata super sua parte et portione dicti loci. Quere in ejus anniversario in mense maii circa principium, fol. XX[10].

(*mg.*) *Vacat.*

[3v] **Prima pars.**

(36) Littera fundationis quinque sol. rend. anniversarii fratris Anthonii de Fagia, sive de Podio Ponchet[11], quod fit in die Invencionis sancte Crucis[12]. Quere in mense maii, folio XXI[13].

1. Voir nos 55, 122, son anniversaire le 12 septembre 1462.
2. Voir nos 33, 55, 67, 70, 122. – L.-d. disp. à Limoges.
3. Voir nos 55, 67, 122 ; – *cognatus Petri Filhou*, 55.
4. Voir no 122, fol. 41.
5. Voir *Marcialis de Pulchro Brolio*, no 95 (acte de 1473).
6. Voir no 95 (acte de 1473).
7. Voir no 95.
8. Voit son obit le 2 mai 1491, no 96. – La Lande est un l.-d. de la cne de Saint-Gence.
9. Saint-Gence, HV, con de Nieul (A. Lecler, *Dict. de la Haute-Vienne*, p. 626).
10. Voir no 96.
11. Voir nos 43, 49, 105, *filius, Johannis de la Faya et Margarite de Vanacier*, 113, *tumulum*, 97.
12. Le 3 mai. Voir M. Legros, *Martyrologe*, I SEM 25 p. 124 : « (1) À Jérusalem, la fête de l'Invention de la Ste Croix de N. S. J. C. sous l'empire de Constantin, qui est patronale dans quelques églises du diocèse de Limoges » (éd. p. 100).
13. Voir no 97.

(37) Littera legacionis sive fundacionis quinque sol. rend. anniversarii Johannis dict Joau Prally[1], supra quamdam terram situatam prope et juxta la Chatre in parrochia Sancti Genciani[2], continentem XI quarteladas. Quere in mense maii, folio XXII[3].
(*mg.*) *Vacat.*

(38) Littera sive clausula legacionis viginti[a)] sol. anniversarii Mariothe Bailhoute[4] in clausula testamenti Mathei Gergot[5] condam sui mariti reperies. Require in suo anniversario mense maii, folio XXIII[6].

(*mg.*) Habemus.

a) vinginti, *avec premier* n *exponctué.*

(39) Littera fundacionis decem sol. rend. anniversarii fratris Marcialis Mercerii[7] supra fratrem suum Janicotum de Sancto Leonardo[8]. Quere in suo anniversario in mense maii[9].

(*mg.*) [[Habemus]], *Vacat.*

(40) Littera fundacionis decem sol. rend. anniversarii fratris Johannis de Rupe[10] supra domum et quoddam viridarium retro suis in villa Bellaci[11] sita in Chatharia[12]. Quere in suo anniversario in mense maii, folio XXIIII[13].

1. Voir nº 99, son obit le 7 mai 1498.
2. La Châtre, l-d. c^ne^ de Saint-Gence, c^on^ de Nieul. (A. Lecler, *Dict. de la Haute-Vienne*, p. 626).
3. Voir nº 99.
4. Bailhoute, Bailhote, *uxor Mathei Gergot, v.* n°s 16, 76, 82, 100-101.
5. Voir n°s 14, 16, 76, 82, 100-101.
6. Voir nº 100.
7. Voir n°s 94, 96.
8. Saint-Léonard-de-Noblat (HV, ch.-l. de c^on^).
9. Absent de la suite des textes, ce qui explique la correction de *habemus* en *vacat.*
10. Voir nº 102, son obit le 17 mai 1497.
11. Bellac (HV, ch-l. d'arr.).
12. Le grand et le Petit Chapterie, l.-d. c^ne^ de Bellac (A. Lecler, *Dict. de la Haute-Vienne*, p. 69).
13. Voir nº 102.

(41) Littera legacionis seu clausula quinque sol. rend. anniversarii Marcialis Rochau[1], hujus parrochie, supra omnia bona sua, ac V^e libras. semel solvendas. Quere in suo anniversario in mense maii, fol. XXV[2].

(42) Littera qualiter dominus prior et religiosi assenssaverunt quamdam terram Marciali Peyrussaudi[3], sitam subtus pratum Veycuntau[4] pro uno sestario frumenti rend. ad opus anniversarii Petronille Motauda sive Crosa[5]. Quere in mense maii, fol. XXVI[6].

(43) Littera fundacionis decem sol. rend. anniversarii fratris Anthonii de Fagia sive de Podio Ponchet[7] supra quamdam domum Mathei [[Tro]] Tormiou[8] sita in rua Arboris Picte[9] cum quodam viridario retro. Quere in mense junii, fol. XXVII[10].

(*mg.*) *H.*

(44) Littera acquisitionis [[viginti sol. et unius]] \parietum trolii dou Vergne[11] in nostra parrochia situm/ facte per dominum priorem et religiosos a Leonardo et Francisco Saleyo[12], fratribus, burgensibus Castri Lemovicensis, ad opus anniversarii Johannis Romaneti[13], burgensis Castri Lemovicensis, que post modum fuerunt tradite Philippo Guilhonis[14] de Parietibus[15] pro viginti

1. *Marcialis Rochau junior*, voir n° 103, son obit le 26 mai 1505.
2. Voir n° 103.
3. Voir *supra* n° 22.
4. Occitan *vescomtal*, le pré vicomtal, à Limoges.
5. Voir n°s 495, 104, veuve de Grégoire Crosa.
6. Voir n° 104.
7. Voir n° 36.
8. Voir n° 105.
9. Rue de l'Arbre-Peint, au Château de Limoges, *v.* n° 105.
10. Voir n° 105.
11. La Vergne, l.-d. à Limoges.
12. Voir n° 106.
13. Voir n° 106, son obit le 9 juin 1466, différent de Jehan, maistre, bourgeois de Limoges (1528), n° 125.
14. Voir n° 106.
15. L.-d. disp.

sol. et unius galline censuale. Quere in mense junii, folio XXVIII[1].

(*mg.*) Habemus.

(45) Littera acquisicionis decem sol. rend. anniversarii [[Gilla]] Petri lou \Gou/[2] et Gille de Bello Brolio[3] supra quoddam pratum Johannis Reys[4] de supra vase et aliorum suorum parciariorum et alia bona. Quere in mense junii, folio XXIX[5].

(*mg.*) Habemus.

(46) Littera trium eyminarum frumenti censualium super quamdam terram sive plantam vinee quam tenent heredes Ludovici Boysson[6] en Champchouven[7] et Margarita Magrete[8] tribuerat pecunias pro ipsa acquirendo. Quere in mense junii, folio XXX[9].

(*mg.*) Habemus.

[4] **Inventario litterarum folio III.**

(47) Littera legacionis sive pronunciacionis decem sol. rend. anniversarii Gregorii Crosa[10]. Quere in suo anniversario ubi invenies ad plenum in mense julii, folio XXXI[11].

(48) Littera legacionis et fundacionis quadraginta sol. rend. duorum anniversariorum domini Petri Prunelli[12]. Quere omnia in suo anniversario in mense julii, folio. XXXII[13].

1. Voir n° 106.
2. Voir n° 107, son anniversaire le 18 juin (acte de 1489).
3. Voir *supra* n° 34, et n°s 95, 107.
4. Voir n°s 87, 197.
5. Voir n° 107.
6. Voir n°s 108, 122, *spinterius* (épinglier).
7. Voir n°s 108, 113, 116, le Chien-Chauvaux, Chinchauvaud, quartier de Limoges.
8. Voir n° 108, son anniversaire le 25 juin, fondation du 22 octobre 1440.
9. Voir n° 108.
10. Voir n°s 94-95, 109, *panitonsor* (tondeur de drap), 100 ; – *v. Peyrona Motauda relicta ej.*, n°s 42, 95, 104.
11. Voir n° 109.
12. *presbiter*, *v.* n°s 110, son obit le 17 juillet 1496, 112, 117, second anniversaire le 10 août.
13. Voir n°s 110 et 117.

(49) Littera legacionis [[et acquisicionis]] qualiter frater Anthonius de Fagia sive de Podio Ponchet[1] fundat duo anniversaria, unum pro anima patris *sui*/ Johannis de la Faya[2], et aliud pro anima matris Magarite de Vanacier[3], cum acquisicione [[unius]], unius sestarii frumenti et decem solid. rend. Quere infra in mense julii, folio XXXIII[4].

(*mg.*) Habemus litteras.

(50) Littera legacionis quindecim sol. rend. anniversarii Johannis Rocho[5] in et super quedam domo sua sita in rua \de/ Possa[6], quam tenet vicarius domini Stephani Solier[7]. Quere in suo anniversario in mense julii, folio XXXV[8].

(51) Littera legacionis X sol. rend., IIII^or^ sol. in una parte et VI sol. ex altera anniversarii fratris Petri Teulerii[9]. Quere infra in mense augusti, folio XXXVI[10].

(52) Littera legacionis decem librarum semel solutarum per manus exequutorum domini Mathei Disnamandi[11] pro una missa et cum absolutione et vigilia[a)] de Assumptione beate Marie infra octavam ejusdem dicenda in altari ipsius super scalas. Quere in mense augusti, folio XXXVIII[12].

a) et cum ... viglia, *à la fin avec signe de renvoi.*

1. Voir *supra* n° 36.
2. Voir n° 113.
3. *Id.*
4. *Id.*
5. Voir n° 115, son obit le 29 juillet 1372 [1472 ?].
6. Rue de Pousse, des Pousses, rue et quartier de Limoges, *v.* n°s 76, 82, 93, 115.
7. *Olim cappellanus de Panazolio, v.* n° 115.
8. Voir n° 115.
9. Voir n°s 113, 116, son obit le 8 août 1448.
10. Voir n° 116.
11. *Presbiter parrochie Sancti Petrus de Quadruvio, v.* n° 118, son anniversaire le 17 août (acte du 17 août 1501).
12. Voir n° 118.

(53) Littera seu clausula decem sol. rend. aut decem librarum semel solvendarum anniversarii Guilhemete Jouvionde[1], relicta quondam Guilhelmi Colon[2], in suo anniversario. Require in mense augusti, folio XXXIX[3].

(54) Littera legacionis et fundacionis trium sestarium frumenti censualium \sed. V. sunt rend./anniversarii fratris Eymerici Larchad\r/e[4] super quamdam terram et vineam Podii Vincencii[5]. Quere ad longum in suo anniversario in mense septembris, folio XL[6]. Item plus duos sestaria frumenti rendualia de novo acquisita super eadem terra.

(*mg.*) Habemus litteras.

(55) Littera sive modus fundacionis anniversarii fratris Petri Filhou[7], qui dimisit et cessit quamdam vineam suam sitam in clauso de Drappario[8] domino priori et religiosis pro suo anniversario et pro anniversario Petri Ranso dict Charbonier[9], cognati sui. Quere latius in ejus anniversario in mense septembris, folio XLI[10].

(56) Littera legacionis sive fundacionis decem sol. rend. anniversarii fratris Jacobi Teulerii[11], quondam prioris hujus conventus supra quamdam domum Stephani de Poulhe alias Nivelle[12], sitam juxta fontem deu Chavalet[13]. Quere in mense septembris, folio XLII[14].

1. Voir n° 119, son anniversaire le 18 août.
2. *Burgensis Castri Lem.*, *v.* n° 119.
3. Voir n° 119.
4. Voir n° 121, son anniversaire le 6 septembre, acte du 23 juillet 1466.
5. Puy-Vincent, l.-d. à Limoges, sur la paroisse Saint-Gérald.
6. Voir n° 121.
7. Voir *supra* n° 33.
8. *Id.*
9. Voir n°s 33, 67, 122.
10. Voir n° 122.
11. Voir n°s 58, 83-84, 99, 109, 123-124, attesté comme prieur de ...1473 à 1497...
12. Voir n°s 66, 123, son obit le 14 septembre 1503.
13. Fontaine du Chevalet, à Limoges, rue des Combes, *v.* n°s 66, 123. Elle est figurée sur le plan de Limoges de Fayen de 1594, I.
14. Voir n° 123.

(57) Littera sive modus fundacionis decem sol. rend. anniversarii Johannis et Johanne de La Faya[1]. Quere in anniversario eorum, folio XXXIIII[2].

[4v] **Prima pars. De.**

(58) Littera sive modus qualiter frater Jacobus Teulerii[3] quondam prior hujus conventus a die \VIIa/ sui obitus voluit quod vicarius Sancte Radegundis[4] fieret unum precantum[a)] domino priori et religiosis. Quere in mense septembris[5].

a) *corr.* percantum.

(59) Littera legacionis decem librarum et postea littera acquisicionis \ex/ earumdem decem sol. rend. anniversarii Petri Magret[6]. Quere in anniversario ipsius circa finem mensis septembris[7].

(60) Literra fundacionis anniversarii Johannis de Rivo dict Barni[8]. In littera fundationis misse dominice ipsius invenies omnia gesta ad plenum, ideo videas ipsam.

(*mg.*) Habemus litteras.

(61) Littera recognicionis et altera condamnacionis trium sol. \IX den./ censualium super quamdam domum sitam in rua de Rullet[9] juxta portam de Pissa Vache[10]. Quere in mense octobris[11].

1. Voir n° 114, anniversaire commun le 25 juillet.
2. Voir n° 114.
3. Voir *supra* n° 56.
4. Voir J. Nadaud, « Pouillé », p. 145 : « Vicairie fondée par Jacques Teullier, bachelier en décrets et prieur, dans la chapelle de la Trinité, Saint-Jacques et Sainte-Radegonde, le 4 janvier 1502, reçut par Feyditi... »
5. Voir n° 123, fol. XLII.
6. *Alias deu Teulle, mansi deu Teule*, voir nos 31, 93.
7. Texte absent du terrier, dont la copie cesse avec l'obit de Jacques Teulier le 14 septembre.
8. Voir *supra* n° 12.
9. Rue disparue à Limoges.
10. Porte Pissevache, dans l'enceinte du Château. Elle est portée sur le plan de Limoges de Fayen de 1594, E.
11. Texte absent du terrier, dont la copie cesse avec l'obit de Jacques Teulier le 14 septembre... comme pour toutes les analyses jusqu'au n° 72 (décembre).

(62) Littera sive modus fundacionis quindecim sol. rend. anniversarii Marcialis Bori, burgensis Castri Lemovicensis, super quamdam domum sive escuram Mathei Benedicti[1], burgensis, sitam in rua de Banlangier[2]. Quere in mense octobris.

(63) Littera legacionis decem libr. semel solutarum per manus suorum exequtorum, et post modo alia acquisicionis decem sol. rend. anniversarii domini Johannis de Podio Ponchet dict Prally. Quere in mense octobris.

(64) Littera legacionis sive modus fundacionis decem sol. rend. anniversarii[a)] Margarite Boria super bona Jacobi de Solomighnat. Quere in mense octobris.

a) *Après* Boria, *avec signe de renvoi.*

(65) Littera legacionis viginti sol. rend. aut viginti librarum semel solvendarum anniversarii Johannis Gergot senioris super omnibus bonis suis. Quere in mense octobris.

(65*) Littera legacionis et fundacionis viginti sol. rend. anniversarii Petri Solier[3], donati nostri, pro quatuor anniversariis fiendis in quatuor Jejuniis IIII[or] Temporum per cursum anni. Quere in mense novembris.

(66) Littera legacionis decem sol. rend. anniversarii Johannis de la Deyspessa[4], lignifabri donatique nostri, supra domum heredum Stephani de Poulhe[5] sitam in rua de Combis[6] ante fontem deu Chavallet[7]. Quere in \mense/ novembris.

1. Voir n° 121, *domus in rua de Banlangier, heredes.*
2. Rue du Banc-Léger, et quartier de Limoges.
3. Voir n° 112, fondation d'anniversaire en sa faveur par Mathive Audiere, avec l'accord de son frère Albert Solier, 11 avril 1494.
4. Voir n° 123, anniversaire évoqué dans l'obit de Jacques Teulier.
5. Voir n° 56.
6. Rue des Combes, et quartier du Château de Limoges, *v.* n° 123.
7. Voir n° 56.

[5] **Inventario litterarum, folio IIII**.

(67) Littera legacionis decem sol. rend. anniversarii Petri Ranso alias Charbonier[1] supra vineam quamdam sitam in clauso de Drappario[2] et a nobis nuper exonerata. Quere in mense novembris.

(68) Littera legacionis decem librarum semel solutarum manualiter et realiter per manus Johanne Mosniera[3], relicta quondam Johannis de Rivo[4]. Quere in suo anniversio in mense novembris.

(69) Littere legacionis ac acquisicionis decem sol. rend. anniversarii domini Petri de Bello Brolio in et super quadam domo ville Jacobi et Johannis Lafont, de Ventou[5], parrochie de supra vase. Quere in mense novembris.

(70) Littera legacionis quinque sol. rend. anniversari Johannis Jarrigon pro una missa de Conceptione beate Marie in vigilia ejusdem festi[6] dicenda, levandos super quadam vinea sua sita in Drappario. Quere in mense decembris.

(71) Littera acquisicionis quatuor sol. rend. et recognicionis II sol. VI den. pro anniversario Johanne Varenas[7], supra quamdam domum et vineam Leonardi Mathei Grougon[8]. Quere in mense februarii, folio X[9].

(*mg.*) Habemus.

(72) [[Littera emptionis et acquisionis quindecim sol. rend. singulis annis et perpetuo a Jacobo Boubiat[10] et a matre sua Cicila, supra Petrum Damet[11] seniorem de supra vase et alium Petrum juniorem Damet, fabrum]].

1. Voir n° 33.
2. L.-d. disp. à Limoges, *v.* n° 33.
3. Voir n° 107.
4. *dict Barni*, *v.* n°s 9-12.
5. Vantaux, quartier de Limoges.
6. La fête de la Conception de la Vierge est le 8 décembre.
7. Originaire de Bellac, *v.* n°s 24, 81, 84, son obit le 28 février, acte de 1484.
8. Voir n° 84.
9. *Id.*
10. Voir n° 114.
11. *Id.*

[5v] **Secunda pars. De nomine fundacione a(nniversariorum).**

[6] **Mensis januarii folio primo.**

(73) SEQUITUR SECUNDA PAR DE NOMINE FUNDATIONE ANNIVERSARIORUM, DIE ET OBITU, SUPRA QUEM LOCUM ET SUPER QUIBUS ERUNT LEVANDA ET PERCIPIENDA DEBITA.

(74) Et primo in octabis Epiphanie[1] anno Domini M° CCC° XXX° obiit Bernardus episcopus Lodovenensis[a)][2], qui legavit unam cappellam vestimentorum alborum et unum calicem pro suo anniversario. Et est sepultus in conventu Predicatorum[3].

(*mg.*) *Vacat.*

a) *Sic cod., corr.* Lodovensis.

1. L'Épiphanie tombe le 6 janvier, l'octave allant du 7 au 13.
2. Bernard Gui, né à Royères en 1261 ou 1262, fait profession chez les frères prêcheurs de Limoges le 16 septembre 1280... Il est nommé à l'évêché de Lodève le 20 juillet 1324 et il meurt le 30 décembre 1331 au château de Lauroux, résidence des évêques de Lodève. Voir A. THOMAS, « Bernard Gui, Frère prêcheur », dans *Histoire littéraire de la France*, t. 35, *Suite du Quatorzième siècle*, Paris, 1921, p. 139-232; – *Bernard Gui et son monde* (Cahiers de Fanjeaux, 16), Toulouse, 1981; – A. DUBREIL-ARCIN, *Vies de saints, légendes de soi : l'écriture hagiographique dominicaine jusqu'au « Speculum sanctorale » de Bernard Gui (1331)*, Turnhout, 2011 (*Hagiologia*).
3. Voir le martyrologe de M. Legros, I SEM 25, le 30 décembre (8), p. 365 : « (5)*À Limoges, le vénérable Bernard Guidonis, de l'ordre des frères prêcheurs, puis évêque de Lodève, mort à Limoges en odeur de sainteté. vers 1331 ». (éd. p. 228). M. Legros, *Suppl.*, I SEM 26, p. 539-542. Bernard Gui n'est pas mort à Limoges mais au château du Lauroux et sa dépouille a été transportée et inhumée à Limoges dans l'église des dominicains. M. Legros avait relevé son épitaphe : « Dans le sanctuaire de la même église des Jacobins, sur une tombe de cuivre qui a été enlevée, on lisoit, suivant Nadaud : SUB HOC HUMILI LOCO JACET FRATER BERNARDUS GUIDONIS, ORDINIS FRATRUM PRÆDICATORUM, POST NONNULLAS PER ITALIAM, GALLIAM ET FLANDRIAM LEGATIONES APOSTOLICAS, PRIMUM TUDENSIS IN GALLÆCIA, DEINDE LODOVENSIS EPISCOPUS IN GALLIA NARBONENSI. QUI ANIMAM CÆLO REDDIDIT ANNO SALUTIS .M.CCC.XXXI. DIE. XXX. DECEMBRIS. REQUIESCAT IN PACE. AMEN. » ADHV, I SEM 15, n° CC. — Cf. Abbé TEXIER, *Manuel d'épigraphie, suivi du recueil des inscriptions du Limousin*, Poitiers, 1851, p. 226, n° 167 ; J.-L. LEMAITRE, « Mort et sépulture », p. 131 et n° 46.

(75) Die XIIII[a] januarii fit anniversarium Saguine Magrete[1], que legavit decem libras manualiter pro X sol. rend. emendis pro suo anniversario fundando, ex qua \summa/ quidem fuerunt empti decem sol. rend. perpetuis temporibus in et super quadam vinea Guilhoti Bordas[2], hujus parrochie, sita in territorio de Podio la Garda[3], continente XXIII[a] jornalia vel circa, et super omnibus bonis. Et fuit dicta vinea olim Johannis Pereilh, dict Cathus, manuperarii. Littera dicte acquisitionis per magistrum Petrum la Boria[4] fuit recepta et est inter notulas suas folio XXVI.

Et nunc tenent dictam vineam heredes Johannis de Razes[5], barbitonsoris, moram trahentibus in suburbio Maignehnie[6] pro summa VII sol. VI den. et heredes condam Johannis Guilhot dict Bordas pro summa II sol. VI den. Et hoc totum pro indiviso.

[7] **Nomine et fundacione anniv. mensis januarii folio II.**

(76) Die XVII[a] januarii, qui erit in die sancti Anthonii confessoris, fit anniversarium Petri Gergot[7], \obiit dicta die anno Domini M° CCCC°/[a)], qui legavit seu dedit pro suo anniversario fiendo annuatim viginti sol. censuales seu renduales, in et super quadam domo sua, sita in rua de Possa[8], que domus per dominum Johannem de la Corcella[9] fuit ex dicto censu seu onere redimita et deychargiata mediante summa viginti quinque librarum, que summa recepta fuit per manus dominorum prioris et religiosorum.

1. Voir *supra* n° 18.
2. Voir n°s 18, 121.
3. Voir n° 81, l.-d. disp. à Limoges.
4. Voir *supra* n° 1.
5. Razès (c^on de Bessines).
6. *Manigne*, porte, rue et quartier de Limoges, *v.* n°s 15, 77, 84-85, 90-96, 108, 112, 121.
7. *Pater Mathei Gergot*, *v.* n°s 16, 82.
8. Rue des Pousses, et quartier de Limoges, *v.* n°s 50, 82, 93, 115.
9. *Dit Grasset, presbiter*, *v.* n° 82.

Deinde adveniente die XIII[a] mensis maii anno Domini M[o] CCCC[o] LXXVI[o], dominus prior et religiosi dederunt in custodiam Matheo Gergoti[1], mercatore suburbiorum Lemovicensium, summam viginti quatuor libr., et promisit eis eandem summam restituere tociens quociens invenirent aliquem censum seu redditum ad acquirendum in bono et competenti loco, ut apparet per litteram per magistrum Johannem Chambonis[2] receptam, die et anno supradictis.

Et est notandum quod ex tunc et tradicione illius summe XXIIII libr. tam ipse Matheus Gergot filius dicti Petri dum viveret, quam heredes sui nobis solvunt et tradunt anno quolibet XX sol. pro anniversario dicti Petri faciendo cum vigilia, missa cum solemnitate et absolutione. Et religiosi non celebrant in isto.

Require in anniversario Mathei Gergot[3] qualiter ipse fundat tria anniversaria pro se, patre suo Gergot et uxore sua Mariotha Bailhote, sicut patet per clausulam sui testamenti quam habemus grossatam. Tenenciarii hujus temporis sunt Johannes Gergot junior[b)] et Petrus filius alterius Johannis senioris Gergot.

(*mg.*) Petrus Gergot.

a) *mg. dr.* ‖ b) Senior, *corrigé en* junior, s. *exponctué et* ju *en interligne.*

[8] **Fundacione anniv. mensis januarii folio III.**

(77) Die XXII[a] mensis januarii fit anniversarium Parvi Petri de Grossa [Radi]ce, qui obiit jandicto[a)] die anno Domini M[o] CCCC[o] LXXVI[o], et Johanne de Podio Ponchet ejus uxore, et domini Stephani dicti Parvi Petri, fratris olim cappellani de Beuna[4], et omnium aliorum parentum suorum. Pro quo fiendo frater Vincencius[5] eorumdem filius emit et acquisivit unam eyminam frumenti

1. Voir n°s 14, 16, 38, 82, 100-101.
2. *Notarius*, 76, *v.* n° 95 ; *scindicus noster*, n° 104.
3. Voir n° 100, anniversaire de *Mariota Bailhotes* son épouse.
4. Beaune village intégré à Limoges en 1962), *v.* n°s 87-88, 111. Il ne figure pas dans la liste sommaire des desservants de Beaune donnée par A. Lecler, *Dict. de la Haute-Vienne*, p. 52.
5. *Frater SG*, *v.* n°s 3, 19, 27, 87, 92, 94, 107.

censualem et rendualem a Johanne Chambon[1], mercatore seu burgensi Castri Lemovicensis, quam dicebat se habere et levare singulis annis in et super decem septem lesis, precio LXV sol., et etiam pro acquisicione dictarum XVII lezarum tempore dicte acquisicionis dedit et distribuit de suo argento quadraginta sol. Et sic totum numeratum sunt centum quinque sol. supra easdem lesas per eumdem fratrem Vincencium fundati pro dicto anniversario fiendo perpetuis temporibus in die sancti Vincencii martiris[2], cum una missa alta voce de mortuis dicenda et absolucione supra tumulum ipsius fundatoris, dum contingerit ipsum ab hoc seculo migrare[b)], ut plenius patet per litteras acquisicionis et fundacionis receptam per dominum Gabrielem de Monsorio[3] in suburbiorum Magnehnie[4] moram trahentem, die sexta mensis marcii anno Domini M^{o}CCCCC^{o} tercio. Habemus litteram grossatam.

(*mg.*) Petri de Grossa [Radi]ce.

a) *corr.* jamdicto. || b) migrasse, *corr.* migrare.

[9] **Et fundacione anniv. mensis januarii folio IIII.**

(78) Die XXV^{a} mensis januarii anno Domini M^{o} CCCC^{o} LVIII°, obiit Johannes Corteta[5], qui legavit decimam integram supra quamdam vineam suam sitam juxta costas Vigenne[6] et ultra molendinum Moureu[7], pro una missa alta de mortuis pro anima sua et parentum suorum dicenda et absolucione, et dominus prior dat cuilibet religioso unam pintam vini, et debet solvere illum qui dicit missam, et reperitur in registris antiquis et in littera per magistrum Johannem de Agia accepta die XXV mensis januarii, anno Domino millesimo quadringentesimo quinquagesimo octavo.

(*mg.*) Johannis Cortete.

1. Voir n° 19.
2. Le 22 janvier.
3. Voir n° 96.
4. Manigne, porte, rue et quartier de Limoges, *v.* n°s 15, 75, 84-85, 90, 96, 108, 112, 121.
5. Voir n° 20.
6. La Vienne, riv., *v.* n°s 94, 104, 106 ; – *costas*, n°s 20, 95.
7. Moulin sur la Vienne, *v.* n° 20 (note).

[10] Fundacione anniv. mensis januarii folio V.

(79) Die XXVII^{a} januarii, anno Domini M^{o} CCCC^{o} LXXI°, obiit Bernardus Broau[1], | *qui legavit viginti sol. rend. pro suo anniversario faciendo, quos assignavit levandos in et super quoddam pratum situatum in territorio prati Sancti Aredii, alias vocati pratum de las Varenas*[2], *confrontatum infra fol. LIX*[3].

Nunc tenent dictum pratum Bertrandus de Chantelauve et Petrus Broau, consortes nostre parrochiae, qui solvunt dictum censum[a)]. |

a) XVIIe s.

[11] Fundacione anniv. mensis februarii, folio VI.

(80) Die octava vel circa februarii anno Domini CCCCC^{o}, obiit Marcialis Peyrussau[4], nostre parrochie, qui legavit nobis decem sol. rend. annuatim pro suo anniversario fiendo cum vigilia, missa alta de mortuis et absolucione pro anima sua et Katerine uxoris sue et aliorum parentum suorum dicenda, quos assignavit seu assituavit \levandos[a)]/ in et super quadam vinea sua octo jornalium vel circa, et super duabus domibus suis, videlicet vinee contiguis sitis prope meystadariam Marcialis Audierii[5], burgensis Castri Lemovicensis, ampliores confrontationes sunt contente in clausula sui testamenti recepti per Philippum de Choussadis, clericum, quo ad extractum die vicesima mensis januarii anno Domini M^{o} quingentesimo, et quo ad receptionem testamenti die decima septima mensis novembris anno Domini M^{o} CCCC^{o} nonagesimo nono.

1. Voir n° 17.
2. L.-d. disp. à Limoges.
3. Le f. LIX auquel il est renvoyé manque dans le ms. qui s'arrête au f. LXVIII [72] pour reprendre au f. CX [73].
4. Voir n°s 22, 42, 80, 95, 104, *et Katerina uxor.*
5. Voir n°s 22, 94, pré.

Item legavit supradictus Marcialis viginti den. \rend./ confratrie beati Anthonii[1] que fit in hoc conventu anno quolibet. Habemus clausulam grossatam.

Tenenciarii sunt.

[[*une ligne et demie biffée et illisible*, XVIe s.]]

|*Modo Joseph Delage, carnarius, habitator pontis Sancti Martialis*[2].| (XVIIe s.).

(*mg.*) Marcialis Peyrrussaudi.

a) *mg. avec signe de renvoi.*

[12] **Fundacione anniv. mensis februarii, folio VII.**

(81) Die XVIII[a] mensis februarii anno Domini M[o] CCCC[o] nonagesimo secundo, obiit Johanna Roucelle[3], relicta [[Johannis]] \Leonardi/ Bordas, que nobis legavit pro suo anniversario faciendo in die sui obitus anno quolibet duos sol. \XI den./ rend. pro una missa de mortuis submissa voce cum absolucione in albis dicenda, quos assignavit et assituavit levandos et percipiendos singulis annis per dominum priorem et religiosos in et super quadam vinea [[mea]] \sua/ in clauso deu Pueu la Garde[4] inter vineam Johannis Bordas filii sui ex duabus partibus et vineam heredum quondam Bernardi Auri[5] ex alia parte, quoddam rivulo intermedio, et iter publicum per quod itur de Castro Lemovicense ad Castrum Lucium[6] ex reliqua parte. Hec omnia apparent per clausulam testamenti die decima tercia mensis novembris, quathinus tangit receptionem per dominum Petrum Auri. Et quo ad extractionem et grossacionem, die vicesima prima mensis junii anno Domini M[o] CCCCC[o] decimo, Marcialis de Manso et Johannes Tourmela

1. Cette confrérie n'apparaît pas autrement.
2. Pont Saint-Martial, pont sur la Vienne et quartier de Limoges, en aval du pont Saint-Étienne.
3. Voir n° 21.
4. Sans doute cacographie pour *Pueg*, « Puy » (*v.* F. RAYNOUARD, *Lexique roman*, t. 4, Paris, 1842, p. 664), *Podium la Garda*, 75, 81. — L.-d. disp. à Limoges.
5. Voir n° 15, *domus sita in rua de Parva Possa.*
6. Voir n°s 84, 121 Chalucet (HV, c[ne] de Saint-Jean-Ligoure, c[on] de Pierre-Buffière).

fecerunt collacionem \cum/ vero originali in \hoc/ commissa. Habemus clausulam.

Valeria Grougone[1] tenet [[et]], pro nunc dictam vineam et solvit dictum censum duorum sol. sex den. pro anniversario isto. Et solvit plus jamdicta pro anniversario Johanne de Varenas[2] ex quinque sol. pro indiviso II sol. VI den. et sic debet V[e] sol. rend.

(*mg.*) Johanne Roucelle.

[13] **Fundacione anniv. mensis februarii, folio VIII.**

(82) Die XXII[a] mensis februarii anno Domini M[o]CCCC[o] sexto, obiit Matheus Gergot[3], qui legavit sexaginta sol. pro tribus anniversariis fiendis sicut apparet per clausulam sui testamenti, cujus tenor sequitur in hunc modum. Item cum alias quondam carissimus pater meus Petrus Gergot[4] dederit et legaverit dominis priori et religiosis prioratus Sancti Geraldi viginti sol. monete rend. seu censuales, quos assedit super bonis suis absque alia situacione seu assignacione facta per eum cum hoc quod ipsi domini prior et religiosi tenerentur celebrare quolibet anno perpetuo die sui obitus unum anniversarium solempne cum vigilia, missa de mortuis cum diacono et subdiacono et absolucione post missam fienda singulis annis in qualibet XVII[a] mensis januarii, qua die quondam pater meus viam universe carnis ingressus fuit, in et super quadam domo mea sita in rua de Pousse[5] inter quamdam aliam domum domini Johannis de la Corcella dit Grasset[6], presbiteri, ex una parte, et quamdam aliam domum Johannis Deux dit Arnaut, manuperarii, jamdicti Castri partibus ex alia, et super omnibus et singulis pertinenciis ejusdem domus. Item etiam continetur in dicto testamento quedam alia clausula.

1. Voir n[o] 84.
2. Voir n[os] 24, 71.
3. Voir n[os] 14, 16, 38, 76, 100-101 ; – *v. Mariota Bailhote ej. uxor.*
4. Voir n[os] 16, 76.
5. Rue des Pousses, rue et quartier de Limoges, *v.* n[os] 50, 76, 93, 115.
6. Voir n[o] 76.

Item ulterius ego testator predictus de aliis bonis et rebus meis do et lego dicti priori et religiosis jamdictis conventus Sancti Geraldi alios quadraginta sol. anno quolibet et perpetui censuales seu renduales quos assedo et assigno eisdem habendos levandos super omnibus et singulis bonis meis. Cum hoc quod ipsi debeant et tenantur quolibet anno et perpetuo suo anniversaria solempn‹i›a, videlicet unum tali die qua me contigerit ab hac luce migrari, videlicet dicere in vigilia seu de mane de mortuis vigiliam et missam altam cum diacono et subdiacono, et quilibet religiosus jamdicti conventus illa die unam missam submissa voce celebrare. Qua die et facto officio, volo quod heredes mei infrasctipti solvant viginti[a)] sol.

Et aliud anniversarium tenebuntur et debebunt celebrare tali die qua dilecta uxor mea Mariota Bailhote[1] viam universe carnis ingredietur modo premisso. Qua die volo et ordino quod fiat expressa mentio et deprecacio animarum dicte Mariote uxoris mee et condam dilecti in Christo domini Johannis Sousdouyraudi[2] dum viveret fratris mei et aliorum amicorum et parentum meorum.

Et volo et ordino quod heredes mei subscripti bona mea de dictis sexaginta sol. valeant et possint exhonerare et afranchire et deschargiare assignando et tradendo dictis priori et religiosis sexaginta sol. censuales in bonis et competentibus locis et ipsi teneant heredes meos diebus quibus dicta anniversaria celebrabuntur heredes meos et eorum heredes et successores vocare seu vocari facere pro audiendo officium predictum, quathinus tangit receptionem die VIª \augusti[b)]/anno Domini Mº CCCCº octuagesimo sexto. Per magistrum Petrum Bardini fuit receptum dictum testamentum. Quo ad extractionem dicte clausule a dicto testamento die XVIIIª mensis maii, anno Domini Mº CCCCCº secundo, signata in margine per me Johannem Bardini et per me Johannem Melhaudi clericos. Habemus clausulam grossatam.

(*mg.*) Mathei Gergot.

a) vinginti *cod. avec premier n exponctué.* || b) *mg. avec signe de renvoi.*

1. Voir nºs 16, 38, 76, 100-101, son obit le 15 mai 1488 (100).
2. Voir nº 100.

[14] **Fundacione anniv. mensis februarii, folio IX.**

(83) Die XXV[a] mensis februarii anno Domini M° CCCC° LXXI, obiit Petronilla Molina[1], de villa Bellaci[2], mater fratris Jacobi Teulerii[3], quondam prioris hujus cenobii, que nobis legavit decem sol. rend. anno quolibet pro suo anniversario faciendo levandos et percipiendos super bona sua ejusdem ville jamdicte. Que bona Stephanus Teulerii tenet et possidet et solvit dictum censum annuatim. Deinde frater Symon Teulerii, prior hujus conventus et filius dicti Stephani[4], motus pietate aut alia quevis racionabilis causa dicta bona dicti Stephani patris sui a dicto censu seu redditu exhoneravit, redemit et deschargiavit, tradendo semel libram pro sol. Et tradidit tunc realiter et de facto summam viginti librarum, decem \libras/ pro redemptione istius anniversarii jamdicti, et alias decem libras pro exhoneracione et deschargiacione decem sol. rend. supra domum et viridarium similiter contiguis Aimerici, fratris Johannis de Rupe[5], assignatarum, ut in suo anniversario patebit. Que summa \XX lb.[a)]/ fuit exposita per manus domini prioris et religiosorum pro acquisi‹ci›one XVII lesarum, et super easdem lesas dicta duo anniversaria fundata fuerunt. Littera acquisicionis dictarum lesarum facit mentionem de traditione summe illarum viginti libr., recepta per Laurencium Bailhoti[6], die prima decembris anno Domini M° CCCCC° secundo. Habemus ipsam in forma.

a) (*mg.*)

1. Voir n°s 23, 83, 102.
2. Bellac (HV, ch.-l. de c^on), *v.* n°s 23, 40, 84, 83.
3. Voir n°s 56, 58, 84, 99, 109, 123-124, Fondateur d'une vicairie le 4 janvier 1502. Son obit est le 14 septembre 1503 (123).
4. Voir n°s 3, 83, 94, 102, prieur attesté en 1511, 1530. Il est le prieur en exercice lors de la rédaction de l'obituaire.
5. Voir n°s 40, 102.
6. Voir n°s 85, 92, 94, 102, 106, 112.

[15] **Fundacione anniv. mensis februarii, folio X.**

(84) Die ultima mensis februarii, obiit Johanna Varenas[1], parrochie Sancti Salvatoris prope Belacum[2], pro qua frater Jacobus Teulerii[3] legavit nobis a quibus causis cujus suum moventibus pro suo anniversario anno quolibet jamdicto die quinque sol. rend. annuatim, quos assignavit et situavit levandos et percipiendos in et super \quadam/ domo et viridarium seu vinee contiguis de Guilhot Bordas[4], hujus parrochie, sitis in Podio de Belle Garde[5], inter iter quod itur de villa Lemovicarum apud Castrum Lucium[6] ex una parte et terram mestadarie Marcialis Audierii[7] ex alia, et vineam Johannis, filius Leonardi Bordas[8] ex parte altera, ut patet per litteram receptam per Petrum la Boria[9], notarium, in nostro capitulo, die XXIII mensis aprilis anno Domini M° CCCC° octuagesimo quarto.

Nunc tenent dicta bona heredes Leonardi Mathei Grougon[10] et solvunt causa istius anniversarii II sol. VI den. pro indiviso, et Valeria Grougone[11] solvit alios II sol. VI den. etiam pro indiviso.

Item notandum quod dictus Leonardus Mathei Grougon tam supra jamdicta \bona/ quam supra quadam domo sua sita cum viridario retro sito in suburbis Lemovicensis porte Maignenye[12], inter domum Symonis \de/ la Voulte ex una parte et domum Anthonie, relicte Vincencii Jarry ex alia parte, cessit, vendidit

1. Voir n°s 24, 71, 81.
2. Saint-Sauveur, « près le château de Bellac », sous le patronage de l'évêque, à la présentation du chapitre du Dorat, *v.* J. Nadaud, « Pouillé », p. 237, et A. Lecler, *Dict. de la Haute-Vienne*, p. 70. Vendue bien national en juillet 1796. Il n'en reste plus rien.
3. Voir *supra* n° 83.
4. Voir n°s 18, 75, 121.
5. *Ultra pontem Sancti Marcialis*, *v.* n° 113, l.-d. disp. à Limoges.
6. Chalucet (HV, c^ne^ de Saint-Jean-Ligoure, c^on^ de Pierre-Buffière), *v.* n°s 81, 121.
7. Voir n°s 22, 80, 94, pré.
8. Voir n° 81.
9. Voir n°s 11-12, 15, 75, 85, 87, 92, 98, 107, 110, 115, 121.
10. Voir n° 71.
11. Voir n° 81.
12. Manigne, porte et quartier de Limoges, *v.* n°s 15, 75, 77, 85, 90, 108, 112, 121.

perpetuo dicto priori et religiosis de novo quatuor \sol./ rend., suscipiendos et levandos annuatim supra predicta, sicut patet per litteram acquisicionis illorum quatuor sol. rend. et duorum sol. cum VI den. recognicionis istius anniversarii jamdicti, receptam per magistrum Petrum la Boria, die XVII^a^ mensis aprilis, anno Domini M^o^ XXXX° nonagesimo octavo. Et quoad grossacionem et extractionem. Signata est in margine per Stephanum Chourry et per Jacobum de Campis. Die XIII^a^ augusti anno \Domini/ M^o^ CCCCC^o^ decimo. Habemus grossatam.

(*mg.*) Johanne de Varenis.

[16] **Fundacione anniv. mensis marcii, folio XI**.

(85) Die XI mensis marcii, obiit Petrus de Narbolieras[1], nobilis, qui nobis legavit quinque libras pro quibus quinque sol. rend. emendis pro uno anniversario fundando in \die/ sui obitus cum missa alta de mortuis et absolucione, de qua quidem \summa/ fuerunt empti V^e^ sol. rend. supra domum Marcialis de Podio Punchet, sita in barriis porte Maignenye[2].

Postea adveniente die XXVI^a^ junii anno Domini M^o^ CCCC^o^ nonagesimo sexto, Petrus de las Corrieras dit Chabier, agulhetarius[3], exhoneravit et deschargiavit dictam domum a dicto censu seu redditu. Petrus de Boria[4], notarius, recepit litteram illius redemptionis die et anno quibus supra.

Consequenter dicte quinque libre fuerunt exposite ad acquirendum decem et septem sol. rend. pro hoc anniversario et pro anniversario domini Stephani de Grossa [Radi]ce junioris[5] decem \sol./, ut patebit in suo anniversario plenius supra domum Petri Bonet, sitam in rua de Raphilou[6], et supra

1. Voir *supra* n° 25.
2. Manigne, porte et quartier de Limoges, *v.* n° 84.
3. Occit. *agulhier*, fabricant ou marchand d'aiguilles.
4. Voir *Petrus La Boria*, n°s 11-12, 15, 75, 84, 87, 92, 98, 107, 110, 112, 115, 121.
5. Voir n°s 30, 92.
6. Rue de Rafilhoux, et quartier de Limoges, *v.* n° 25.

quamdam ejus vineam sitam juxta cimiterium de Arenis[1], inter portam de Monte Mailhier[2] et portam de Arenis ; confrontaciones ampliores continentur in littera recepta per Laurencium Bailhoti, die penultima mensis februarii, anno Domini M° quingentesimo. Habemus litteram.

(*mg.*) Petri de Narbolieras.

[17] **Fundacione anniv. mensis marcii, folio XII.**

(86) Die XVI[a] mensis marcii, fit anniversarium Guilhelmi de Bello Brolio[3], qui nobis legavit per quamdam clausulam sui testamenti pro uno anniversario faciendo anno quolibet quinque scuta auri veteris quolibet ponderis trium denariorum, quam summam recepimus realiter et de facto per manus Agnetis ejus conjuge, et ut tutrix suorum liberorum, videlicet Petri lou Guo[4] et aliorum, in sex scutis auri mercabilis et XV sol. monete currentis. Geraldus Bailhoti[5] notarius recepit litteram, die XXV mensis februarii anno Domini millesimo CCCC° XXIX. Et habemus litteram grossatam.

(*mg.*) Guilhelmi de Bello Brolio.

[18] **Fundacione anniv. mensis marcii, folio XIII.**

(87) Die XXV[a] mensis marcii et erit in Annun\cia/cione beate Marie Virginis, fit anniversarium pro animabus patris et matris meorum et avunculi mei domini Stephani de Grossa [Radi]ce, olim capellani de Beuna, et aliorum parentum benefactorumque meorum quamdiu ego, Vincencius de Grossa [Radi]ce, religiosus Sancti Geraldi in humanis vixero, et post decessum meum, volo quod fiat dictum anniversarium in die mei obitus et scribatur in kalendario novi psalterii chori sinistri, et pro

1. Les Arènes, porte dans l'enceinte du Château et quartier de Limoges, *v.* n° 92.
2. Montmailler, porte dans l'enceinte du Château et faubourg de Limoges, *v.* n° 92, H sur le plan de Fayen de 1594.
3. Voir n° 26. Beaubreuil était un des villages de Limoges appartenant à la paroisse de Saint-Gérald.
4. Voir n°s 45, 107.
5. Voir n°s 93, 95.

ipsis jamdictis fiat in die sancti Vincencii martiris[1] prout hic fundavi pro eis. Pro quo anniversario meo jamdicto faciendo seu fundando dedi realiter et de facto tam per manus meas quam per manus fratrum meorum summam sex librarum que summa fuit exposita pro acquisicione XXIIII sol. rend. annuatim debitorum super quoddam pratum et quamdam vineam Johannis Reys et alterius Johannis[2], fratribus, de supra vase. Item plus legavi et fundavi pro dicto anniversario quatuor sol. rend. in et super quadam \domo/ et vinea, scilicet contiguis Johanete Mosniere, burgi de Beuna[3], que vinea quondam fuit patris sui Petri Mosnier. Et sic apparet quod fundavi decem sol. rend. anno quolibet. Magister Petrus de Boria recepit litteram die XXVIII mensis januarii anno Domini millesimo <CCCCº> octuagesimo octavo. Habemus ipsam litteram grossatam.

(*mg.*) Patris et matris fratris Vincencii.

(88) *Die XXVIª mensis februarii anno Domini millesimo quingentesimo decimo quinto, dicta Johanna Condade sive Mosniere, hospita burgi de Beuna, et \Petrus/ Condat, filius condam Guilhelmi Condat et eorum quemlibet in solidum, recognoverunt jamdictos quatuor sol. rend. anno quolibet et perpetuo. Insuper jamdicta domo et vinea \simul contigue/ que nunc conversa est in unam grangiam et viridaria superius confrontata sita in borgo de Beuna, ut latius apparet per litteram recognicionis per Johannem Durandi[4] receptam in hac papiro insertam ante quatre ^{XX} XVII folia \ab haec/, infra computanda*[5]. [1515]

[19] **Fundacione anniv. mensis aprilis, folio XIIII.**

(89) Die secunda mensis aprilis, anno Domini Mº CCCCº octuagesimo nono, obiit Stephanus de Podio Ponchet[6], qui legavit pro unum

1. Le 22 janvier.
2. Voir nºˢ 45, 107.
3. Beaune (village intégré à Limoges en 1962), *v.* nºˢ 26, 77, 88, 111.
4. Voir nº 122.
5. L'acte ne se retrouve pas dans le registre, où il n'y a pas de fol. folioté 96.
6. Voir nº 28.

anniversarium faciendo pro se et Cecilie Texciere[1] ejus uxore simul quinque sol. rend. anno quolibet levandos et percipiendos annuatim in et super quadam vinea sua de Podio Ponchet[2], sita inter vineam domini Johannis dit Prally[3], presbiteri, fratris dicti deffuncti ex una parte, et vineam Petri lou Mercier etiam ejus \fratris/ ex parte altera. Et voluit dictus Stephanus quod solvendo semel quinque libras dictus redditus sive census, quinque sol. rend. casseretur et vinea exhonera\re/tur, ut clarius patet per clausulam eorumdem testamenti receptam per dominum Johannem Foucherii[4], die XXIII^{a} mensis marcii, anno Domini millesimo CCCC^{o} octuagesimo. Nunc tenet et possidet dictam vineam Maria sive Mariotha, filia dictorum conjugum.

(*mg.*) Stephani de Podio Ponchet.

[20] **Fundacione anniv. mensis aprilis, folio XV.**

(90) Die tercia mensis aprilis, anno Domini M^{o} CCCCC^{o} quarto, obiit dominus Stephanus Sudroti[5], qui nobis legavit decem libras pro suo anniversario faciendo annuatim pro decem sol. rend. emendis, que summa predicta recepta fuit per dominum priorem et religiosos realiter per manus sui exequutoris Johannis Gergot. Et ex ea empti fuerunt decem sol. rend. perpetuis temporibus supra \suam/ quamdam domum Johanete Chabessiere, sita in rua Maignenye[6], juxta portam, et supra vineam suam continentem IIII^{or} jornalia, sitam in[a)] Po\dio/ deu Carmeys[7], sicut apparet enuclacius per litteram receptam per magistrum Marcialem de Bessa, die XXV^{a} mensis maii anno Domini M^{o} CCCCC^{o} quarto.

(*mg.*) Domini Stephani Sudroti.

a) im *ms.*

1. Voir n° 28.
2. Puy Ponchet, l.-d. à Limoges, *v.* n° 98.
3. *Johannes de Podio Ponchet, dict Prally*, *v.* n°s 37, 63, 99.
4. Voir n°s 95, 106, 113.
5. Voir n° 29.
6. *Manigne*, porte et quartier de Limoges, *v.* n°s 15, 75, 77 84-85, 90, 96, 108, 112, 121.
7. L.-d. disp. à Limoges.

(91) *Item die XVI*[a] *mensis octobris anno Domini M*[o] *quingentesimo vicesimo tercio Johannes Laylie dit Prossimar*[1] *recognovit acquisisse dictam domum superius confrontata ab heredibus dicte Johanne Chabessieras*[2] *cum onere decem sol. rend. anno quolibet ad opus anniversariorum, cum facultate redimendi tociens quociens ut patet per litteram recognicionis receptam per magistrum Johannem Faydit, cappellanum Sancti Boneti*[3], *die et anno quibus supra.* [1523]

[21] **Fundacione anniv. mensis aprilis, folio XVI.**

(92) Die VIII[a] mensis aprilis, anno Domini M[o] CCCC[o] nonagesimo primo, obiit dominus Stephanus de Grosssa [Radi]ce junior[4], qui legavit pro suo anniversario fundando et fiendo annuatim decem libras duos sol. et sex den. semel solutas, que predicta summa decem librarum II sol. VI den. realiter et de facto fuit tradita domino priori et religiosis, in capitulo, per me fratrem Vincencium de Grossa [Radi]ce[5], prout per dictum legatorem injunctum fuerat michi, et predicti domini prior et religiosi se obligaverunt ad jamdictum anniversarium faciendum, die XXVI[a] mensis aprilis anno Domini M[o] CCCC[o] nonagesimo primo. Petrus de Boria[6] recepit litteram.

Deinde ex jamdicta summa fuerunt empti decem sol. rend. super quoddam pratum et quamdam vineam Marcialis Cassou de supra vase. Et post decessum dicti Cassou Johannes Poyat de Ventou[7], qui erat possessor dictorum bonorum, redemit et rechaptavit dictos decem sol. rend. mediante summa XII libr. Que summa duodecim librarum fuit exposita pro isto anniversario decem sol. et pro anniversario nobilis viri Petri

1. Voir n° 119, *loci de Prosimar* (Proximart, c[ne] de Panazol).
2. Voir n° 90.
3. Saint-Bonnet-Briance (HV, c[on] de Pierre-Buffière). Il n'apparaît pas dans la liste sommaire des desservants donnée par A. Lecler, *Dict. de la Haute-Vienne*, p. 616.
4. Voir n°s 30, 85.
5. Voir n°s 3, 19, 27, 77, 87, 94, 107.
6. Voir n°s 11-12, 15, 75, 84-85, 87, 98, 107, 110, 115, 121.
7. Vantaux, quartier de Limoges, *v.* n° 69.

de Narbolieras[1] V^e^ sol., et indifferenter de communi duos sol. pro acquisicione decem septem sol. facta per dominum priorem et religiosos supra Petrum Bonet[2] et Valeriam \Mathive/[a)] ejus uxorem, quam summam decem septem sol. rend. nobis assignaverunt seu situaverunt levandos et percipiendos singulis annis in et super quadam domo ipsorum conjugum venditorum, in qua inhabitant, una cum taberna subtus expensis, sita et situata in rua vulgariter nuncupata de Gau Merdier[3] dicti Castri Lemovicensis, inter domum dilecti in Christo domini Johannis Saleys, archipresbiteri, ex una, et domum Petri Teilhet, cordonarii, ex altera parte et predictam ruam publicam de Gau Merdier ex reliqua partibus, et in et super quadam predictorum venditorum vinea continente XIIII jornalia vel circa, sita et situata prope portam de Arenis[4] predicti Castri et contigua fossato inter vineam heredum condam magistri Marcialis Albiac, notarii condam predicti Castri, ex una, et predictum fossat ex altera, et vinea heredum quondam Petri Rivaud panni tonsoris ex altera, et cimiterium Arenarum et publico itinere intermedio per quod itur de predicta porta Arenarum ad predictam portam de Montmalier[5] ex reliquis partibus. Et hec post sex denarios censuales debitos domino priori, domino fundali predicte vinee, et predicti conjuges recognoverunt et confessi fuerunt, et super omnibus et singulis eorum bonis mobilibus et immobilibus presentibus et futuris quibuscumque. Recepta fuit littera per Laurencium Bailhoti[6], die penultima mensis februarii anno Domini millesimo quingentesimo[7]. Habemus grossatam.

(*mg.*) Domini Stephani de Grossa [Radi]ce junioris.

a) *mg. avec signe de renvoi.*

1. Voir n°s 25, 85.
2. Voir n° 25.
3. Rue disp. au Château de Limoges.
4. Les Arènes, porte dans l'enceinte du Château et quartier de Limoges, *v.* n° 85.
5. Montmailler, porte dans l'enceinte du Château et faubourg de Limoges, *v.* n° 85, H sur le plan de Fayen de 1594.
6. Notaire, *v.* n°s 83, 85, 94, 102, 106, 112, 122.
7. Le 28 février, 1500 étant une année bissextile.

[22] **Fundacione anniv. mensis aprilis, folio XVII.**

(93) Die XI[a] aprilis fit anniversarium Petri \Magret/ alias deu Teulle[1], qui legavit decem sol. rend. annuatim pro suo anniversario faciendo levandos et percipiendos anno quolibet in et super quadam domo Marcialis Broau, sita in rua de Possa[2], Castri Lemovicensis, inter domum Parvi Johannis Reynier, sartoris, ex una parte, et domum Guilhelmi Coquet ex parte retro, et domum Helye ou Rouy, et \est/ nunc prioris de Chavanac[3] ex altera, et domum Anthonii Corteys, cellarii, a parte retro, ex reliqua partibus. Et hoc post quatuor denarios censuales, qui debent conventui Sancti Geraldi, sicut apparet per litteram acquisicionis dicti census receptam per magistrum Geraldum Bailhoti[4], die quarta mensis aprilis anno Domini M[o] CCCC[o] sexagesimo primo. Habemus litteram grossatam.

Marcialis jamdictus habuit II filios, Guilhelmum dit Gendermo et Petrum, qui dictam domum diviserunt circa ista tempora. Igitur pro indiviso petendum est.

(*mg.*) Petri Magret.

[23] **Fundacione anniv. mensis aprilis, folio XVIII.**

(94) Die XIIII[a] mensis aprilis fit anniversarium Mirygoti Yvers, de Condadilho[5], parrochie Sancti Pauli[6], qui nobis legavit pro suo anniversario faciendo unum sestarium frumenti rend. anno quolibet levandum et percipiendum supra suas decem septem lesas ei pertinentes ex jure paterno, sitas sive situatas in territorio nuncupato Villar et Villerent[7] prope pratum Vice comtaux et subtus eodem inter fluvium Vigenne ex una parte, et terras que

1. Voir n°s 31, 59.
2. Rue des Pousses, rue et quartier de Limoges, *v.* n°s 50, 76, 82, 115.
3. Chavanac, cure et prieuré, paroisse d'Aureil, *v.* J. Nadaud, « Pouillé », p. 745.
4. Voir n°s 87, 95.
5. L.-d. disp. c[ne] de Saint-Paul, mais il existe un village de Condadille sur la c[ne] de Condat (c[on] de Limoges-11), *v.* A. Lecler, *Dict. de la Haute-Vienne*, p. 239.
6. Saint-Paul (HV, c[on] de Pierre-Buffière).
7. L.-d. disp. à Limoges, près du pré Vicomtal.

fuerunt Gregori Crosa[1], quas nunc tenent Johannes Peyrussau dit Bique[2], laborator, et heredes condam Anthonii Martinault ex altera parte, et pratum Marcialis Audierii[3], quod de presenti tenet Anthonius de Bosco, Castri Lemovicensis burgensis ex altera, et terram Blasii Cheyron dit Petit Mengar, laboratoris ville pontis Sancti Marcialis[4] ex reliqua partibus. Que quidem XVII lese postmodum fuerunt acquisite ad opus anniversariorum Sancti Geraldi, videlicet per dominum priorem fratrem Symonem Teulerii, reliogiosis fratribus Ludovicum Be\le/taudi, Vincentium de Grossa [Radi]ce, Guilhelmum de Matheo, Nycolai Chabessier, Jacobum Rosaudi et Matheum Regis, \et/ Marcialem Mercerii a Petro et Andrea Yvers, fratribus[5], mediante summa quadraginta librarum et arreyragiorum causa re\tar/dationis solucionis illius sestarium frumenti que multum ascendebant, et cum onere jamdicto, scilicet faciendi dictum suum anniversarium, ut superius est mentionatum, sicut clarius patet per litteram receptam per Laurencium Bailhoti[6], die XXIIII[a] mensis novembris anno Domini M[o] CCCCC[o] secundo. Habemus litteram grossatam.

Item ulterius est advertendum quod Leonardus dit Nardon, Petrus, Johannes et alter Johannes, filii dicti Myrigoti Yvers, per procurationem ratifficaverunt vendicionem supradictam per fratres suos predictos, scilicet per Petrum et Andream factam modo predicto. Laurencius Bailhoti, notarius, recepit omnia die prima mensis decembris anno Domini M[o] Quingentesimo secundo, et tota materia jamdicta est in una littera contenta. Quam habemus in forma.

(*mg.*) Yvers.

1. Voir n[os] 47, 94-95, 109, *panitonsor*, 100.
2. Voir n[o] 95.
3. Voir n[os] 22, 80, 84.
4. Pont Saint-Martial, pont sur la Vienne et quartier de Limoges, *v.* n[o] 94.
5. Voir *supra* n[o] 3, en 1513. Ne figurent plus en 1513 *Marcialis Mercerii a Petro* et *Andreas Yvers* et est absent *Johannes Teulerii.*
6. Voir n[os] 83, 85, 92, 102, 106, 112, 122.

[24] **Fundacione anniv. mensis maii, folio XIX.**

(95) Die prima mensis \maii/ fit anniversarium Agnetis de Bello Brolio[1], que legavit decem libras semel solvendas pro suo anniversario faciendo annuatim, et dicta summa fuit tradita domino priori et religiosis per manus Marcialis et Gille de Pulcro Brolio[2], et ex ea fuit ecclesia nostra consecrata. Et post aliqua tempora ipsi prior et religiosi ex jamdicta peccunia acquisiverunt quamdam terram sitam et situatam juxta pratum Vexcuntau[3], que olim erat \Guilhelmi Fornier[a]/ de[b] Gerlier de Possa[4], quam assenssavit ad assensssam perpetuam Marciali et Johanni Peyrussau[5], hujus parrochie, pro uno sestario frumenti censusale sive renduale anno quolibet.

Item plus idem prior \et/ religiosi tradiderunt et assenssaverunt ad assenssam perpetuam eidem Marciali Peyrussaudi aliam quamdam terram in eodem territorio sitam, que olim fuit de Peyrona Motauda[6], relicta condam Gregori Crosa[7], pro uno alio sestario frumenti rend. Johannes Chambonis[8], notarius, et pro tunc jamdictus notarius recepit litteras de hujusmodi terris die XXVIIIa mensis octobri anno Domii M° CCCC° LXXIII°. Insuper per eosdem jamdictos dominos et pro dicto anniversario fuerunt empti quinque sol. rend. supra Stephanum Anthonii, alias lou Souch, quos assignavit et situavit levandos et percipiendos singulis annis in et super quadam vinea sua sita supra costas Vigenne, juxta et ultra molendinum Moureu[9]. Magister Johannes Foucherii[10] recepit litteram die VIIIa septembris anno Domini M° CCCC° LXX° quarto.

(*mg.*) Agnetis de Bello Brolio.

a) *mg. avec signe de renvoi.* || b) deu *avec* u *exponctué.*

1. Voir n°s 34, 86.
2. Voir n°s 34, 45, 107.
3. Le pré Vicomtal, l.-d. disp. à Limoges, *v.* n°s 42, 94, 104.
4. Les Pousses, rue et quartier de Limoges, *v.* n°s 50, 76, 82, 93, 115.
5. Voir n°s 22, 42, 80, 104.
6. Voir n° 104.
7. Voir n°s 22, 42, 80, 104.
8. Voir n°s 76, 104, *scindicus noster.*
9. L.-d. et moulin disp. à Limoges, sur la Vienne, *v.* n°s 20 (note), 78.
10. Voir n°s 89, 106, 113.

[25] **Fundacione anniv. mensis maii, folio XX.**

(96) Die secunda mensis maii anno Domini M° CCCC° nonagesimo primo, obiit Marcialis de la Lando[1], parrochie Sancti Genciani[2], Lemovicensis diocesis, qui nobis legavit decem libras semel solvendas per heredem suum Johannem Fumat de trolio nostre parrochie, aut decem sol. rend. anno quolibet pro suo anniversario faciendo, levandos et percipiendos singulis annis in et super tota \sua/ parte sui vilagii situm et situatum in jamdicto manso de Lando, parrochie predicte Sancti Genciani, sicut patet per clausulam sui testamenti receptam per fratrem Marcialem Mercerii, religiosum Sancti Geraldi die et anno quibus supra.

Consequenter advertendum est quod dictus Johannes Fumat de trolio, parrochie Sancti Geraldi, ut heres universalis jamdicti Marcialis de la Lando vendidit, cessit perpetuo Leonardo de Podio Dei alias de Tareilh, et Merigato dit Merigaud et Agno deu Mons et Petro de la Lando totum locum suum jamdictum de la Lando sibi pertinente situatum in parrochia Sancti Genciani, Lemovicensis diocesis, cum omnibus suis pertinenciis et deppendenciis, et cum omnibus oneribus, ypothecis, redditibus, censibus quibuscumque tam conjunctim quam divisim. Et precipue et expresse cum jamdicto onere dictorum decem sol. rend. causa dicti anniversarii nobis debitorum onere dictorum decem sol. rend. causa dicti anniversarii nobis debitorum annuatim. Et predicti tres emptores promiserunt dictum Johannem Fumat servare adversus nos indampnem de dicto redditu. Dominus Gabriel de Monsorio[3] moram trahente in suburbiis Maignenye[4] Castri Lemovicensis recepit litteram hujus vendicionis, die XI^{a} mensis maii anno Domini M° CCCC° nonagesimo primo.

(*mg.*) Marcialis de la Lando.

1. La Lande, village de la c^{ne} de Saint-Gence.
2. Saint-Gence (HV, c^{on} de Nieul), *v.* n°s 35, 37, 99.
3. Voir n° 77.
4. *Manigne*, quartier de Limoges, *v.* n°s 15, 75, 77, 84-85, 90, 108, 112, 121.

[26] **Fundacione anniv. mensis maii, folio XXI.**

(97) Die tercia mensis maii et erit festum Invencionis sancte Crucis[1], debemus dicere unam missam altam sancte Crucis cum dyacono et subdyacono et cum oratione ipsius diei, secunda de mortuis et tercia de beatae Maria Virgine, cum absolucione fienda supra tumulum fratris Anthonii de Fagia sive de Podio Ponchet, pro quibus fiendis ipse alias assignaverat quinque sol. rend. supra quamdam vineam fratris sui Marcialis, sitam inter alias vineas fratrum suorum de Podio Ponchet, sed nunc sunt situati supra Petrum dit Penotum nepotem dicto fundatoris prout seipse.

(98) Die vicesima sexta mensis junii anno millesimo nonagesimo sexto, Petrus dit Penot, filius Thome de Podio Ponchet, nostre parrochie, vendidit, cessit domino priori et religiosis pepetuo quinque sol. rend. solvendos bajulo anniversariorum Sancti Geraldi, levandos et percipiendos singulis annis in et super domo sua, vismeria[2], viridario, vinea similiter contiguis, sitis et situatis in dicto manso de Podio Ponchet, et super omnibus bonis suis, et ad opus dicti anniversarii Sancte Crucis. Petrus la Boria[3], notarius recepit litteram hujus \vendicionis[a)]/ sive recognicionis die et anno quibus supra.

(*mg.*) fratris Anthonii Ponchet.

a) *mg. avec signe de renvoi.*

[27] **Fundacione anniv. mensis maii, folio XXII.**

(99) Die VII[a] mensis maii, anno Domini M[o] CCCC[o] nonagesimo octavo, obiit Johannes Joau, dit Prally[4], pro quo frater Jacobus

1. Voir le martyrologe de M. Legros, ADHV, I SEM 25, p. 124 : « 3. D. *Le cinq des nones de mai.* (1) À Jérusalem, la fête de l'Invention de la Ste Croix de N. S. J. C. sous l'empire de Constantin, qui est patronale dans quelques églises du diocèse de Limoges. [an. 326] » (éd. p. 100).

2. Oseraie, *v.* Du Cange, t. VIII, p. 356, qui renvoie à l'obituaire de S. Gérald. Voir aussi F. Raynouard, *Lexique roman*, t. V, p. 548, « Vismière ». Le terme est absent du *Dictionnaire* de dom Duclou.

3. Voir n°s 11-12, 15, 75, 84-85, 87, 92, 99, 107, 110, 115, 121.

4. Voir n° 37.

Teulerii, condam prior hujus conventus[1], dedit nobis quinque libras realiter et de facto sicut onus acceperat a dicto defuncto pro quinque sol. rend. emendis pro suo anniversario fundando et faciendo annuatim. Ex qua quidem summa jamdicta fuerunt empti quinque sol. rend. perpetuo in et super quadam terra continente XI quarteladas, sita et situata in parrochia Sancti Genciani[2] prope vilagium de la Chatre[3], possessa et acquisita ex dicti denariis per Leonardum sive Nardon et Geraldum de Podio Dei nostre parrochie fratribus *(sic)*. Et in casu deperdicionis jamdicti se obligaverunt et ypothecaverunt omnia bona eorum presencia et futura ad solvendum dictos V^e sol. rend. singulis annis bajulo anniversariorum Sancti Geraldi, prout apparet per litteram receptam per Laurencium Andree, clericum de Boria[4] pro tunc, die nona mensis marcii, anno Domini M° CCCC° nonagesimo octavo.

(*mg.*) Johannis Joau.

[28] **Fundacione anniv. mensis maii, folio XXIII.**

(100) Die XV^{a} mensis maii anno Domini M° CCCC° octuagesimo octavo, obiit Mariota Bailhote[5], uxor quondam Mathei \Gergot/[6], pro qua dictus Matheus per clausulam sui testamenti legavit domino priori <et> religiosis viginti sol. censuales seu renduales perpetuo pro suo anniversario faciendo, in modum qui sequitur : videlicet dicere in vigilia seu de mane de mortuis vigiliam et missam altam cum dyacono et subdyacono, et quilibet religiosus jamdicti conventus illa die unam missam submissa \voce/ celebrare et absolucione fienda. Et voluit idem testator supradictus quod fieret expresse deprecacio in isto anniversario pro \anima[a)]/ condam domini Johannis Sousdouyraudi[7], dum viveret fratris sui et aliorum parentum et amicorum suorum.

1. Voir n°s 56, 58, 83-84, 109, 123-124, prieur attesté en 1473, 1484, 1492, 1497, son obit est le 14 septembre 1503 (123).
2. Saint-Gence (HV, c^{on} de Nieul), *v.* n°s 35, 37, 96.
3. La Châtre, c^{ne} de Saint-Gence.
4. Clerc du notaire Petrus de Boria ou la Boria, *v. supra* n° 99.
5. Voir n°s 16, 38, 76, 82, 101.
6. Voir n°s 14, 16, 38, 76, 82, 100-101.
7. Voir n° 82.

Quos quidem viginti sol. supradictos censuales seu renduales situavit seu assignavit levandos et percipiendos singulis annis supra heredes suos, sicut clarius patet per supradictam clausulam sui testamenti in suo anniversario supra in mense februarii scriptam, VIII sol.

(*mg.*) Mariote Bailhota.

a) *mg. avec signe de renvoi.*

(101) *Die XX^a mensis maii anno Domini millesimo V^C XXII, obiit Johannes Gergot, filius Mathei Gergot*[1], *qui fondavit et dedit nobis viginti sol. rend. pro suo anniversario fiendo anno quolibet, videlicet vigilia de sero, missa alta cum diacono et subdiacono et assolutione, et omnes religiosi debent selebrare submissa voce, et vocandy sunt parentes.*

[29] **Fundacione anniv. mensis maii, folio XXIIII.**

(102) Die XVII^a mensis maii anno Domini M^o CCCC^o nonagesimo VII°, obiit frater Johannes de Rupe[2], qui fundavit suum anniversarium supra quamdam domum et quoddam viridarium \rebus/ suis de villa Belaci[3] sitis et situatis in Chatario[4], quam quidem domum et viridarium tenet Stephanus Teulerii[5] pro decem sol. rend. seu pro decem libris semel solvendis et debitis bajulo anniversariorum Sancti Geraldi annuatim persolvendis.

Consequenter post aliqua curricula temporum frater Symon Teulerii[6], prior hujus conventus, et filius jamdicti Stephani Teulerii deychargiavit, redemit et exoneravit dictam domum et viridarium a dicto censu seu redditu tradendo semel summam viginti librarum, quam summam tradidit realiter et de facto. Et fuit exposita jamdicta summa viginti librarum pro emptione et acquisicione decem septem lezarum a nobis nuper acquisitarum,

1. Voir n° 100.
2. Voir n°s 40, 83.
3. Bellac (HV, ch.-l. de c^on), *v.* n°s 3, 40, 83-84, 102.
4. Le Grand et le Petit Chapterie, l.-d. par. de Bellac, A. Lecler, *Dict. de la Haute-Vienne*, p. 69.
5. Voir n° 83.
6. Voir n°s 3, 83, 94, att. comme prieur en 1530.

decem libre pro redemptione istius anniversarii, et alie decem libre pro exoneracione et deychargiacione anniversarii Petronille Molina[1], ut supra in suo anniversario notatum est folio IX[2].

Laurencius Bailhoti[3] recepit litteram aquisicionis dictarum lesarum, die prima mensis decembris anno Domini millesimo quingentesimo secundo. Habemus grossatam.

(*mg.*) fratris Johannis de Rupe.

[30] **Fundacione anniv. mensis maii, folio XXV.**

(103) Die XXVI^a mensis maii anno Domini M^o CCCCC^o quinto, obiit Marcialis Rochau junior, qui legavit nobis pro unum anniversarium faciendo annuatim cum una missa alta de mortuis et absolucione, quinque libras semel solvendas. Et interim heredes jamdicti Marcialis Rochau nostre parrochie tradunt et solvunt singulis annis quinque sol. rend. donec solverint dictam summam quinque librarum domino priori et religiosis pro aliquo redditu emendo. Frater Ludovicus Beletaudi[4] recepit testamentum cum clausula hoc narrante die XXIII^a mensis maii anno Domini M^o CCCCC^o quinto.

(*mg.*) Marcialis Rochau.

[31] **Fundacione anniv. mensis maii, folio XXVI.**

(104) Die penultima maii anno Domini millesimo CCCC^o LXX°, obiit Peyrona Motauda[5], relicta condam Gregori‹i› Crosa, que nobis dedit, cessit quandam terram suam sitam subtus pratum Vexcontaulx[6] ultra Vigennam et supra eandem anniversarium suum voluit fieri. Et fuit jamdicta terra assenssata ad assensam perpetuam Marciali Peyrussaud[7], parrochie nostre, pro \uno/ sestario frumenti singulis annis bajulo anniversariorum Sancti

1. *Mater fratris Jacobi Teulerii, quondam prioris hujus cenobii, v.* n°s 23, 83.
2. Voir n° 83.
3. Voir n°s 83, 85, 92, 94, 106, 112, 122.
4. Voir n°s 3, 94.
5. Voir n°s 42, 95.
6. Le pré Vicomtal, à Limoges.
7. Voir n°s 22, 42, 80, 95,

Geraldi solvendo et adducto, prout recepit Johannes Chambonis[1], scindicus noster, die XXVIII^{a} mensis octobris annno Domini M^{o} CCCC^{o} LXXIII°, et est sepulta inter duas scalas lapideas nostre ecclesie ubi fit absolucio bis in die. Quere supra folio XIX de quadam alia terra que olim fuit deu Gerlier[2] que fuit tradita etiam pro uno alio sestario frumenti rend.

(*mg.*) Petronille Motauda.

[32] **Fundacione anniv. mensis junii, folio XXVII.**

(105) Die sexta junii anno Domini millesimo CCCC^{o} octuagesimo secundo, obiit frater Anthonius de Fagia sive de Podio Ponchet[3], nostre parrochie, qui legavit pro suo anniversario cum vigilia, missa alta dyacono et subdyacono et absolucione faciendo annuatim decem sol. rend. quos idem fundator nuper acquisiverat in et super quadam domo Mathei Tormiou[4] sita in Castro Lemovicense in rua Arboris Picte[5], cum quodam viridario retro, quos decem sol. rend. dedit, cessit perpetuo domino priori et religiosis levandos et percipiendos per bajulum Sancti Geraldi singulis annis super dicta domo. Insuper dicti prior et religiosi promiserunt ei dicere unam absolucionem supra suum tumulum in die deffunctorum, sicut patet per litteram fundacionis receptam per Clementem de Monte Bocherii[6] clericum die tercia mensis decembris anno Domini M^{o} CCCC^{o} septuagesimo tercio. Habemus litteram grossatam.

Item idem supradictus \notarius/ recepit litteram qualiter dictus Anthonius, nondum religiosus, emit et acquisivit dictos decem sol. rend. super dicta domo die quinta mensis septembris

1. Voir n°s 76, 95.
2. Voir n° 95.
3. Voir n°s 36, 43, 49, *filius Johannis de la Faya et Margarite de Vanacier*, 113, *tumulum*, 97.
4. Voir n° 43.
5. Rue de l'Arbre-Peint, à Limoges, *v.* n° 43.
6. Voir n°s 116, 123.

anno Domino M° CCCC° septuagesimo secundo. Habemus litteram.

Item domus supradicta fuit subbastata et pronunciata et fore honerata nostro censu et redditu decem sol. rendualium judicialiter in curia senescalli Lemovicensis Castri per magistrum Franciscum Sousdouyraudi, in legibus licenciatum, die XXIIII[a] mensis maii anno Domini M° CCCC° nonagesimo, amici scriba. Habemus illam subbastacionem in forma.

(*mg.*) fratris Anthonii Ponchet.

[33] **Fundacione anniv. mensis junii, folio XXVIII.**

(106) Die nona mensis junii anno Domini millesimo CCCC° LXVI°, obiit Johannes Romanet[1], burgensis Castri Lemovicensis, qui legavit decem scuta auri pro unum anniversarium faciendo annuatim, que summa jamdicta recepta per dominum priorem et religiosos fuit exposita pro emptione et acquisitione trolii et parietum dou Vergne[2] a Leonardo et Francisco Saleys fratribus[3], burgensibus Castri Lemovicensis, cum censu et redditu perpetuo viginti sol. et unius galline censualis singulis annis et cum fundali et directo dominio, situs et situatus extra fluvium Vigenne in clauso deu Chaslar[4] in parrochia Sancti Geraldi, inter quoddam iter publicum per quod itur de ponte Sancti Marcialis[5] ad locum seu mansum de Condadille[6] ex una parte, et iter per quod etiam itur de dicto ponte Sancti Marcialis ad pontem vocatum de la Pisyciera[7] ex alia, et mansum sive mestadariam que olim fuit Johannis Prat Sencthirieys[8], manuperarii Castri Lemovicensis, et nunc est honorabilis viri magistri Roullandi Guilhoti in legibus licenciati predicti Castri

1. Voir n°s 44, 125.
2. La Vergne, l.-d. à Limoges, *v.* n° 44.
3. Voir n° 44.
4. L.-d. disp. à Limoges.
5. Pont Saint-Martial, pont sur la Vienne et quartier de Limoges, *v.* n°s 80, 94.
6. Condadille, à Condat (c^on^ de Limoges sud.), *v.* n° 94.
7. Pisyciera, l.-d. disp. à Limoges, peut-être un pont sur la Valoine ?
8. Sans doute une cacographie pour Prat/Pré Saint-Yrieix ?

habitatoris parte ex altera. Dominus Johannes Foucherii[1] recepit litteram, die XVII^a mensis novembris anno Domini M° CCCC° sexagesimo octavo. Habemus litteram illius acquisitionis in forma debita.

Item Philipus Guilho[2] \de Parietibus[a)][3]/ recognovit se debere quolibet anno seu annata scindico seu bajulo anniversariorum Sancti Geraldi viginti sol. et unam gallinam censuales, cum fundali dominio et accaptamento, et hoc nomine et racione dicti trolii supradicti vocati dou Vergne[4] situm et sitatum ut supra sicut patet per litteram receptam per Laurencium de Pinu, die VIII^a mensis aprilis anno Domini millesimo CCCC° septuagesimo. Habemus dictam recognicionem grossatam.

(*mg.*) Johannis Romaneti.

| *Bartholomeus Raymond, dictis vulgariter Grosyou tenet et solvit dictum censum.* | (xvi^e s.)

a) *mg. avec signe de renvoi.*

[34] **Fundacione anniv. mensis junii, folio XXIX.**

(107) Die XVIII^a junii fit anniversarium Petri lou Guo et Gille ejus uxore, de Bello Brolio[5], pro quibus dominus Johannes senior ejusdem loci[6] eorumque filius dedit domino priori et \religiosis/ decem libras realiter et de facto pro eorum anniversarium fundando et promiserunt ipsum facere in vigilia beati Johannis Babtiste[7], que summa jamdicta decem libr. fuit exposita per dominum priorem et religiosos pro emptione et acquisi‹ci›one viginti quatuor sol. rend. singulis annis perpetuo supra quoddam pratum et quamdam vineam continentem IIII^or jornalia Johannis Reys et alterius Johannis Reys[8] fratris ejus de supra vase, et in et super omnibus bonis eorumdem presentibus et futuris. Ex

1. Voir n°s 89, 95, 113.
2. Voir n° 44.
3. L.-d. disp. à Limoges, *v.* n° 44.
4. La Vergne, l.-d. à Limoges, *v.* n° 44.
5. Voir n° 45.
6. Beaubreuil, c^ne de Limoges.
7. Le 23 juin.
8. Voir n°s 45, 87.

quibus jamdictis XXIIII sol. rend. fuerunt acquisiti decem sol. pro anniversario isto, et VIII \sol./ pro anniversario Johanne Mosniera, relicta Johannis de Rivo [1], et sex sol. pro anniversario fratris Vincencii de Grossa[radi]ce [2]. Supradicta acquisicio apparet per litteram receptam per Petrum la Boria [3] clericum die XIX^a^ mensis decembris anno Domii M^o^ CCCC^o^ octuagesimo nono. Habemus litteram grossatam.

(*mg.*) Petri lou Guo.

[35] **Fundacione anniv. mensis junii, folio XXX.**

(108) Die XXV junii fit anniversarium Margarite Magrete [4], que legavit pro suo dicto anniversario fiendo annuatim tres eyminas frumenti censuales, que levantur et percipiuntur singulis annis super quamdam vineam heredum Ludovici Boysson [5], que olim tradita sunt per dominum priorem et religiosos ad assensam perpetuam Martino Beguoy alias Picau et Petro Beguoy ejus filius sitam et situatam in territorio de Champchouven [6], inter iter per quod itur de Domo Dei [7] a la Brugiera [8] ex una parte, et iter per quod itur de fonte Auria [9] a Champchouven ex alia, et quamdam vineam a la Padie de Sollemplhaco [10] ex parte altera, et vineas que fuerunt Johannis Pitiot, et nunc sunt Guilhelmi Nivella ex parte altera, et iter vicinale ex parte reliqua, cum censu jamdicto, vicelicet trium eyminarum frumenti censualium ad mensuram Castri Lemovicensis ad horreum bajuli anniversariorum Sancti Geraldi conductorum seu apportatorum, et accapmentis in mutacione personarum si casus eveniret. Supradicta apparent per litteram receptam per Johannem de

1. Voir n° 68.
2. Voir n°s 3, 19, 27, 77, 87, 92, 94.
3. Voir n°s 11-12, 15, 75, 84-85, 87, 92, 98, 110, 115, 121.
4. Voir n° 46.
5. Voir n°s 46, 122.
6. Le Chien-Chauvaux, Chinchauvaud, quartier au nord de Limoges, *v.* n°s 46, 108, 113, 116.
7. La Maison Dieu des lépreux, *v.* J. Nadaud, « Pouillé », p. 187.
8. La Brugère, c^ne^ de Limoges, au nord de la ville, porté sur la carte de Cornuau.
9. Fontaine disp. à Limoges, *v.* n°s 113, 116.
10. Solignac (HV, c^on^ de Limoges-11), *v.* n°s 122.

Beyssaco, presbiterum, die XXII^a mensis octobris anno Domini millesimo CCCC^o quadragesimo. Habemus dictam litteram grossatam.

(*mg.*) Margarit Magrete.

| *Joannes Demay, habitator suburbii de Magninha*[1] *tenet et solvit dictum censum. Habet litteram reccognitionis infra folio LII.*[2] | (XVIe s.)

[36] **Fundacione anniv. mensis julii, folio XXXI.**

(109) Die quarta mensis julii fit anniversarium Gregorii Crosa[3], panitonsoris, qui dedit manualiter, realiter et de facto domino priori et religiosis decem libras pro decem sol. rend. emendis et convertendis ad dictum anniversarium faciendum annuatim, que summa predicta decem librarum fuit data per dictos priorem et religiosos in custodiam Johannis Mourelli, pasticerio, et male quia post multa tempora fuit procreatus processus et agitatus in curia dominorum consulum Castri Lemovicensis pro dicta summa recuperanda, et facta inquesta et omnia munimenta necessaria in sacco posita fuerunt judici exhibita. Tandem penultima mensis februarii anno Domini M^o CCCC^o octuagesimo quinto fuit pronunciatum per magistrum Marcialem de Alverignia, judicem curie jamdictorum dominorum consulum, quod nos debebamus gaudere et recuperacionem habere de jamdicta summa decem librarum in et super omnibus bonis dicti Johannis Mourelli. Et nos fuimus constituti et pronunciati in duodecimo loco, et non potuimus gaudere, quia illi qui erant in quarto et in quinto locis pronunciati non potuerunt gaudere ipsorum ejus manifesta debita. Ideo non debet amictere anniversaria ille qui legavit sed prior et religiosi tenentur facere, sed imputetur eis quia male servarunt dictam peccuniam.

Item plus dedit dictus Gregorius Crosa huic conventu cappellam vestimentorum alborum de damays, demptis duabus

1. Manigne, porte et quartier de Limoges, *v.* n°s 15, 75, 77, 84-85, 90, 96, 112, 121.
2. L'acte ne figure pas au f. LII-LIII du registre [57-58].
3. Voir n°s 47, 94-95, *panitonsor*, 100.

magnis capis, que dedit frater Jacobus Teulerii quondam priore hujus domus.

(*mg.*) Gregorii Crosa.

[37] **Fundacione anniv. mensis julii, folio XXXII.**

(110) Die XVII^a mensis julii anno Domini millesimo CCCC^o nonagesimo sexto, obiit dominus Petrus Prunelli [1], qui nobis legavit et dedit manualiter, realiter et de facto viginti regalia auri, valencia in universo quadraginta libras pro quadraginta sol. rend. emendis, et pro duobus anniversariis singulis annis fiendis in modum qui sequitur. Primum erit in die sui videlicet obitus ut supra est notatum. Secundum in die sancti Laurencii martiris [2], et fient sic, videlicet dicetur vigilia de sero in crastinum missa alta de mortuis cum diacono et subdiacono et absolucione fienda supra tumulum ipsius in ecclesia Sancti Petri de Quadruvio [3], ante altare sancti Laurencii seu Flagellationis Domini nostri Ihesu Christi, et altera etiam absolucione fienda in Sancto Marciale [4], infra reclausum dicti monasterii, ubi predicatur supra tumulum domine Mathive Loumosnaria, uxoris quondam magistri Alberti Joffo, procuratoris generalis domini nostri regis, cum habitu simplici. Et si cappellani vel vicarii locorum jamdictorum velint interesse in his absolucionibus fiet eis distribucio per bajulum Sancti Geraldi cuilibet summa quinque denariorum, et vocandi sunt parentes dicti domini Petri Prunelli ad jamdicta duo anniversaria. Petrus la Boria [5] notarius recepit litteras dicte legacionis sive fundacionis die XV^a mensis novembris anno Domini millesimo CCCC^o nonagesimo secundo.

(*mg.*) Domini Petri Prunelli.

1. Voir n°s 48, 112, 117. *presbiter.*
2. Le 10 août, *v.* le martyrologe de Legros, I SEM 25, p. 223 : « E. xv. *Le quatre des ides d'août*...(2) *À Rome, sur le chemin de Tibur, la fête de S. Laurent, archidiacre, qui souffrit plusieurs tourmens et la mort la plus cruelle, sous la persécution de Valérien, et dont le culte a été fort célèbre dans le diocèse de Limoges, où on conserve quelques-unes de ses reliques, et où il est patron de plusieurs églises paroissiales etc. Sa fête y étoit chommée de toute antiquité, et n'a été retranchée que de nos jours : elle a même eu une octave pendant long-temps » (éd. p. 179-180).
3. L'église Saint-Pierre-du-Queyroix, *v.* J. Nadaud, « Pouillé », p. 147-159.
4. L'abbaye Saint-Martial.
5. Voir n°s 11-12, 15, 75, 84-85, 87, 92, 98, 107, 115, 121.

(111) Die XXIIII^{a} mensis decembris anno Domini M^{o} CCCC^{o} nonagesimo secundo, Mathias sive Massias de la Piletaria[1] et Valeria, conjuges, parrochie de Beuna[2], nobis vendiderunt, cesserunt perpetuo ad opus jamdictorum anniversariorum viginti quinque sol. rend., quosquidem ipsi conjuges situaverunt et assignaverunt levandos \et/ percipiendos annuatim in et super quoddam prato continente IIII^{or} jornalia, sito in clauso de la Barro[3], et super XII sexteriatas nemoris et chastanerie existentes in clauso de Mongon[4], et super XXII sexteriatas \terre/ existentes in clauso de la Louryere[5], et etiam dicti Mongon, et demum in et super eorumdem domo sita in villagio de la Piletaria et aliis bonis presentibus et futuris. Petrus la Boria[6] recepit die et anno quibus supra.

(112) Die XI aprilis anno Domini M^{o} CCCC^{o} nonagesimo quarto, Mathive Audiere de licencia sui mariti magistri Stephani Joanaudi, in legibus licenciati, et magister Albertus Solier, frater ejusdem Mathive, vendiderunt <et> cesserunt nobis perpetuo viginti sol. rend. quos situaverunt et assignaverunt levandos et percipiendos singulis annis in et super quadam domo Luce de la Fossa, sita in suburbiis Maignehnie[7] Castri Lemovicensis, juxta domum deu Gazzas ex una parte et domum que olim fuit de la Miraud ex altera parte, et quoddam viridarium retro ex parte reliqua. Ex quibus quidem jamdicti viginti sol. rend. fuerunt empti XV sol. ad opus duorum anniversariorum jamdictorum domini Petri Prunelli, et quinque \sol./ ad opus anniversarii

1. Pilaterie, c^{ne} de Beaune, *v.* A. Lecler, *Dict. de la Haute-Vienne*, p. 54.
2. Beaune, village intégré à Limoges en 1962, *v.* n°s 27, 77, 87-88.
3. Le quartier des Barres, à Limoges ?
4. L-d. disp. à Limoges.
5. *Id.*
6. Voir n° 110.
7. Manigne, porte et quartier de Limoges, *v.* n°s 15, 75, 77, 84-85, 90, 96, 108, 121.

Petri Solier, donati nostri[1], qui olim erant situati cum aliis quinque sol. super trilhias Bailhoti[2], que fuere domini Petri Ruben, sed redempti nunc per Laurentium Bailhoti, praeter XII den. censuales super easdem trilhias et vinea per ipsum debitos annuatim. Littere dicte acquisicionis fuerunt recepte per Johannem de Riperia, Sancti Aredii[3], qui tunc moram trahebat cum magistro Petro de Boria[4], sed ut dubito habet eas nomine suo et inter suas notulas die et anno quibus supra.

[38] **Fundacione anniv. mensis julii, folio XXXIII.**

(113) Die vicesima julii fit anniversarium Johannis de la Faya et Margarite de Vanacier[5] ejus uxore *(sic)*, pro quibus frater Anthonius de Fagia sive de Podio Ponchet[6], eorumdem filius, legavit et dedit decem libras realiter pro decem sol. rend. emendis et pro jamdicto anniversario fundando et fiendo annuatim, ex qua quidem summa jamdicta decem librarum fuit emptum sive acquisitum unum sestarium frumenti censualem sive rendualem a Guilhelmo Guilhoumau, de Veyrinas[7], quod levare et percipere assignavit quolibet anno per bajulum anniversariorum Sancti Geraldi in et super quibusdam vinea, et orto seu leza ejusdem Guilhelmi contiguis continentes circa novem jornalia, sitis et situatis in territorio Fontis Peciati[8], alias Podium de Belle Garde[9] ultra pontem Sancti Marcialis, ubi plenius patet per litteram receptam per Johannem Brevis[10] clericum, die XVI^{a} mensis marcii anno Domini M^{o} CCCC^{o} septuagesimo quarto. Habemus litteram grossatam.

1. Voir n° 65*.
2. Sans doute *Laurencius*, *v.* n°s 83, 85, 92, 94, 102, 106, 112, 122.
3. Saint-Yrieix (HV, ch.-l. d'arr.).
4. Voir n° 110.
5. Voir n° 49.
6. Voir n°s 36, 43, 49, 97. 105.
7. L.-d. disp. c^{ne} de Limoges.
8. Fontpéchiade, c^{ne} de Limoges, au débouché du pont Saint-Martial (Cadastre de 1812, feuille d'assemblage).
9. L.-d. disp. à Limoges, *v.* n° 84.
10. Voir n° 119.

Item et insuper de residuo supradicte legacionis per dominum priorem et religiosos et ad opus jamdicti anniversarii pro parte fuerunt empti et acquisiti decem sol. rend. annuatim supra Leonardum Chambo, filium Johannis Chambo, \dit Knulhet[a)]/ et Leonardam Belage[1], conjuges, quos quidem decem sol. rend. assignaverunt et situaverunt singulis annis levandos et percipiendos in et super[b)] eorum vinea sita et situata in clauso de Champchouven[2], supra font Aurie[3], inter quamdam vineam Johannis Chambo dit lou Soubzprieur, manuperarii predicti Castri Lemovicensis ex una parte, et vineam Johannis alias Joany de Colhasses, pastisserii, generis Johannis de Traygnas, Castri Lemovicensis habitatoris, ex alia, et quibusdam leza et vismeria sitis et situatis in clauso de la Chate[4] inter lezam magistri Johannis Judicis ex una parte, et vineam Guilhermi de Cozeyo parte ex altera, et quoddam iter vicinale per quod itur ad predictas vineas. Supradicta patent per litteram receptam per dominum Johannem Foucherii presbiterum[5], die XIIII^{a} mensis januarii anno Domini M^{o} CCCC^{o} octuagesimo primo. Habemus litteram.

Super vinea jamdicta sunt sex sol. ad opus anniversarii supradicti, et \alii/ quatuor ad opus anniversarii fratris Petri Teulerii[6], ut in suo anniversario dicetur folio XXXVI.

(*mg.*) Johannis de la Faya et Margarite ejus uxore de Vanacier.

a) *mg. avec signe de renvoi.* ‖ b) insuper *avec* in *exponctué.*

1. Voir n° 116.
2. Le Chien-Chauvaux, Chinchauvaud, quartier de Limoges, *v.* n°s 46, 103, 108, 116.
3. Fontaine disp. à Limoges, *v.* n°s 108, 116.
4. L.-d. disp. à Limoges.
5. Voir n°s 89, 95, 106, *magister.*
6. Voir n°s 51, 116.

[39] **Fundacione anniv. mensis julii, folio XXXIIII.**

(114) Die XXV[a] julii fit anniversarium Johannis et Johanne de la Faya[1], pro quibus dominus Petrus de Fagia sive de Bello Brolio eorum filius legavit quinque sol. rend. supra domum Lucie de Axia, sita in rua Torta[2]. Sed nunc redempti et rechaptati sunt a Johanne Tauso alias Benesd, et alios quinque sol. supra vineam et viridarium suis sitis juxta et prope cimiterium Sancti Pauli[3] Civitatis Lemovicensis, pro jamdicto anniversario faciendo singulis annis. Sed predicta loca tempore nostro fuerunt exonerata et deychargiata a jamdictis censibus seu redditibus et alibi exposita pecunia ad utilitatem anniversariorum dicti conventus, ut per notorietatem dominorum prioris et religiosorum comperi. Et credo quod est illa pecunia que fuit exposita pro emptione et acquisicione quindecim sol. rend. annuatim et perpetuo a Jacobo Boubiat et \a/ matre ejus Cicila[4], supra Petrum Damet seniorem et alium Petrum Damet juniorem[5] et fabrum de supra vase, quia ignoro sibi pro presenti aliam sedem. Et facta fuit acquisicio jamdictorum quindecim solidorum die...[a)].

(*mg.*) Johannis et Johanne de la Faya.

a) *inachevé.*

[40] **Fundacione anniv. mensis julii, folio XXXV.**

(115) Die XXIX[a] mensis julii anno Domini M° CCC°[6] septuagesimo secundo, obiit Johannes Rocho[7], qui legavit pro suo anniversario fiendo annuatim quindecim sol. rend. perpetuo levandos et percipiendos singulis annis per bajulum anniversariorum Sancti Geraldi, in et super domo sua sita in rua de Possa[8], quam tenuit

1. Voir n° 57.
2. Rue Torte, à Limoges.
3. Sur l'église Saint-Paul, hors des murs de la ville, *v.* J. Nadaud, « Pouillé », p. 188.
4. Voir n° 72.
5. *Id.*
6. Il faut corriger en *CCCC°*.
7. Voir n° 50.
8. Rue des Pousses, rue et quartier de Limoges, *v.* n°s 50, 76, 82, 93, 95, 115.

vicarius vicarie domini Stephani Solier[1], olim cappellani de Panazolio[2]. Deinde fuit domini Johannis Galli, vicarius magne vicarie ecclesie cathedralis Lemovicensis, qui dictum censum recognovit domino priori et religiosis. Petrus la Boria[3], notarius, recepit litteram die ultima | *mensis julii anno Domini millesimo CCCC^{o} octuagezimo.*

(*mg.*) Johannis Rocho.

[41] **Fundacione anniv. mensis augusti, folio XXXVI.**

(116) Die VIII^{a} mensis augusti anno Domini millesimo CCCC^{o} XLVIII°, obiit frater Petrus Teulerii[4], qui legavit pro suo anniversario fiendo singulis annis supra vineam quamdam Leonardi Chambo filius Johannis Chambo dicti Knulhet et Leonarde Belage ejus uxore sitam in clauso de Champchouven supra font Aurie IIII sol. rend. ex decem sol. rend. quos habemus levare et percipere annuatim supra jamdictam vineam. Quere ad plenum supra folio XXXIII. Et legavit idem sex sol. rend. supra omnia bona Johannis Fumorti de trolio, nostre parrochie, dedit breviarium pargameni in choro cathenatum et quamdam casulam albam orphatam. Et est sepultus infra capitulum in introitu. Johannes Clemens de Monte Bocherii accepit litteram, die XIX^{a} mensis decembris anno Domini M^{o} CCCC^{o} LXXVII°.

(*mg.*) Fratris Petri Teulerii.

[42] **Fundacione anniv. mensis augusti, folio XXXVII.**

(117) Die decima mensis augusti, que erit in die sancti Laurencii martiris[5], fit secundum anniversarium domini Petri Prunelli[6], presbiteri, qui nobis legavit viginti regalia \auri/ realiter et de

1. Voir n° 50.
2. Panazol (HV, c^{on} de Limoges-12). Absent de la liste des desservants donnée par A. Lecler, *Dict. de la Haute-Vienne*, p. 537, qui donne toutefois un Martin de Solério (du Soulier), en octobre 1465.
3. Voir n°s 1-12, 15, 75, 84-85, 87, 92, 98, 107, 110, 121.
4. Voir n°s 51, 113.
5. Voir le martyrologe de M. Legros, I SEM 25, p. 223 (2), et note (éd. p. 179-180).
6. Voir n°s 48, 110, 112. Son obit est le 17 juillet 1496 (n° 110).

facto pro duobus anniversariis fundandis et fiendis annuatim, et pro dicta summa exponenda et convertenda, in quadraginta sol. rend. emendis et acquirendis ad opus dictorum anniversariorum. De modo faciendi dicta duo anniversaria ut de acquisicione quadraginta sol. rend., quere omnia supra in die sui obitus, folio XXXII[1].

(*mg.*) Domini Petri Prunelli.

[43] **Fundacione anniv. mensis augusti, folio XXXVIII.**

(118) Die XVII[a] mensis augusti fit anniversarium domini Mathei Disnamandi[2], presbiteri parrochie Sancti Petri de Quadruvio[3], qui nobis legavit decem libras semel solvendas pro suo anniversario fiendo annuatim, videlicet cum vigilia mortuorum in choro, missa de Assumpcione in altari beate Marie Virginis super scalas infra octabas ejusdem festi dicenda. Et fuit dicta peccunia decem librarum domino priori et religiosis tradita pro emendis decem sol. rend. per manus Johannis Disnamandi, ejus fratris, burgensis Castri Lemovicensis, et domini Petri Pichocaryt, ut exequutores testamenti dicti legatoris, ut constat per litteram receptam per dominum Johannem Boneti, qui dictam fundacionem et quictanciam accepit, die XVII[a] mensis augusti anno Domini M[o] CCCCC[o] primo.

(*mg.*) domini Mathei Disnamandi.

[44] **Fundacione anniv. mensis augusti, folio XXXIX.**

(119) Die XVIII[a] mensis augusti fit anniversarium Guilhoumete Jouvionde[4], relicta quondam prudentis viri Guilhermi Columbi[5], burgensis Castri Lemovicensis, que nobis legavit in suo testamento decem libras semel solvendas pro decem sol. emendis et pro dicto fundando et fiendo \anniversario/ annuatim, ut

1. Voir n° 110.
2. Voir n° 52.
3. L'église Saint-Pierre-du-Queyroix, *v.* J. Nadaud, « Pouillé », p. 147-159.
4. Voir n° 53.
5. *Id.*

constat per litteram receptam per Johannem Brevis[1] clericum, die VIII[a] mensis junii, anno Domini M[o] CCCC[o] LV[o], et habemus clausulam grossatam.

Consequenter post aliqua curricula temporum, Julianus, filius Marcialis Colon, recognovit domino priori et religiosis se debere eisdem causa et racione jamdicti anniversarii singulis annis decem sol. rend. perpetuo levandos et percipiendos in et super omnibus bonis suis. Et ipsi domini prior et religiosi dederunt ei facultatem exonerandi, deychargiandi et redimendi dicta bona semel solvendo jamdictas decem libras, ut apparet et costat per litteram receptam per Anthonium de Vivinia clericum, die XVII[a] mensis octobris anno Domini M[o] CCCC[o] nonagesimo secundo. Habeamus litteram grossatam.

(*mg.*) Guilhoumete Jouvionde.

| *Dominus Peyriere in Curia Lemovicense praeses debet dictum censum tamquam dominus loci de Prosimar*[2]. | (*mg*, XVI[e] s.)

(120) *Die XX[a] mensis augusti fit anniversarium Caterine Gergot, que nobis legavit viginti libras semel solvendas pro viginti sol. rend. super heredum suorum, ut patet per litteram receptam per magistrum Marcialem Nautrat, quam habemus in isto papiro fol. CXIIII*[3]. (1551)

[45] **Fundacione anniv. mensis septembris, folio XL.**

(121) Die sexta mensis septembris, fit anniversarium fratris Eymerici Larchade[a)] [4], qui nobis legavit tria sexteria frumenti censualia pro suo jamdicto anniversario fiendo, et per lous Bourdeulx de supra vase, qui fuerunt de parentela sua, supra quamdam terram

1. Voir n° 113.
2. Proximart, c[ne] de Panazol (c[on] de Limoges-12), *v.* A. Lecler, *Dict. de la Haute-Vienne*, p. 540 : « Jean Coulomb, bourgeois, seigneur de Proximart en 1497, autre Jean Coulomb en 1585. N. Deloménie, bourgeois, possédait Proximart en 1660 ».
3. L'acte, passé au couvent de Saint-Gérald le 1er septembre 1551, est copié au f. CXIIII[rv] [77-78].
4. Voir n° 54.

et vineam sitas im[b)] podio Vincencii[1], nostre parrochie Sancti Geraldi, inter iter per quod itur de ponte Sancti Marcialis[2] apud Castrum Lucii[3] ex una parte, et quamdam aliam terram Blasii de Sermodieras, que movetur a fundalitate domine priorisse de Bosco[4] ex alia, et vinea Anthonii Briguel, quam acquisivit ab heredibus condam Mathei Benedicti ex parte reliqua. Que terra fuit olim de Tabalon, post fuit Guilhoti Bordas[5], qui eam in manibus dominorum prioris et religiosorum gurpivit, et ipsi jamdicti prior et religiosi eam assenssaverunt ad assenssam perpetuam Leonardo Reymondeys cum censu trium sestarium frumenti censualium et quinque sol. rend., ut constat per litteram per Ludovicum de Valata receptam, die XXIII^{a} mensis julii anno Domini M^{o} CCCC sexagesimo sexto. Habemus litteram grossatam.

Item jamdictus Leonardus Reymondeys dictam terram cum vinea sibi contigua vendidit et cessit eam Blasio de Sermodieras <de> ponte Sancti Marcialis cum dicto censu trium sextariorum frumenti cens. in mense januarii anno Domini M^{o} CCCC^{o} octuagesimo secundo. Marcialis La Voulte recepit.

Insuper dictus Blasius de Sermodieras <de> ponte Sancti Marcialis recognovit se debere supra jamdictam terram singulis annis bajulo anniversariorum Sancti Geraldi predictum censum trium sestariorum frumenti cens., die XXV^{a} mensis septembris anno Domini M^{o} CCCC^{o} nonagesimo VIII°. Petrus la Boria[6] recepit dictam recognicionem quam habemus grossatam.

Postremo Michael, filius dicti Blasii, ob retardaciones solucionis jamdictorum trium sestariorum frumenti cens. fuisset procreatus, processus et agitatus in curia scenescalli

1. Le Puy-Vincent, à Limoges.
2. Le Pont Saint-Martial, sur la Vienne, et quartier de Limoges, *v.* n°s 80, 94, 106.
3. Chalucet (HV, c^{ne} de Saint-Jean-Ligoure, c^{on} de Pierre-Buffière), *v.* n°s 81, 84.
4. Bost-las-Mongeas, prieuré de femmes, dépendant d'Aureil (HV, c^{ne} d'Aureil, c^{on} de Limoges-12), *v.* J. Nadaud, « Pouillé », p. 745 (Bois-Morbeaud, alias las Monjas).
5. Voir n°s 18, 75, 84.
6. Voir n°s 11-12, 15, 75, 84-85, 87, 92, 98, 107, 110, 115.

regia Lemovicense, tandem recognovit et confessus fuit nos esse dominos fundales et predictum censum trium sestariorum cens. debere et licere et solvere terminis in primis litteris contentis et consuetis. Ulterius et in eadem littera. Cum causa et racione arreyragiorum et expensarum jamdicti processus ipse Michael teneretur nobis in aliqua summa et alia peccunia a nobis ipsi tradita, vendidit et cessit de novo domino priori et religiosis duo sestaria frumenti rend. et in super jamdicta terra et vinea \Podii Vincencii/, similiter contiguis et super omnibus suis bonis annuatim, ut apparet per litteram receptam per dominum Albertum de Ceulx[1], presbiterum, die quarta mensis februarii anno Domini Mº CCCCCº quarto. Et ipsam habemus grossatam.

[[Petrus]], *\Antonius/ Bellemie, mercator urbis Lemovensis et Leonardus Dupré, habitator suburbii de Mayninhe*[2] *tenent et solvunt dictum censum quolibet anno, qui etiam recognoverunt ut patet per litteram scriptam infra fol. XLV*[3]. (1529)

(*mg.*) Eymerici Larchardre.

a) *sic cod., mais mg.* Larchadre, *et dans la table initiale* Larchade *a été corrigé en* Larchadre. || b) *sic cod.*

[46] **Fundacione anniv. mensis septembris, folio XLI.**

(122) Die XIIª mensis septembris anno Domini Mº CCCCº LXIIº, obiit frater Petrus Filhou[4], qui dimisit et cessit domino priori et religiosis pro suo anniversario fiendo et pro anniversario Petri Ranso dit Charbonier[5], cognati sui, annuatim quamdam vineam suam sitam in territorio seu clauso de Drappario[6], que fuit vendita Johanni Bardinet viginti octo scuti \semel/, aut solvere annuatim XXVIII sol. rend. Deinde cum jamdicto onere

1. Voir n°s 10-11.
2. Manigne, porte et quartier de Limoges, *v.* n°s 15, 84-85, 75, 77, 90, 96, 108, 112.
3. Acte du 3 septembre 1529 [f. 50].
4. Voir n°s 33, 55.
5. Voir n°s 33, 55, 67.
6. L.-d. disp. à Limoges, *v.* n°s 33, 55, 67, 70.

fuit transportata seu transacta inter manus Ludovici Boyssou[1], spinterii. Tandem Petrus, filius dicti Ludovici Boyssou, pistor tempore illo Castri Lemovicensis rechaptavit et redemit dictam vineam et nobis tradidit realiter summam XXVIII libr. prout in libris ipsius continebatur. Hec rechaptacio cum quictancia fuerunt facte die quarta septembris anno Domini M° CCCCC° primo. Dominus Johannes de Campis recepit litteram.

Consequenter ex jamdicta peccunia XXVIII libr. et pro dictis duobus anniversariis fiendis fuerunt empti et acquisiti per dominum priorem et religiosos decem \sol./ rend. supra Marcialem et Stephanum Martinaux, \fratribus[a)]/ nostre parrochie annuatim persolvendis bajulo anniversariorum Sancti Geraldi, quos situaverunt levandos et percipiendos singulis annis in et super domo ipsorum sita in clauso seu territorii vocato de Champs Bardieyras[2], in dicta parrochia Sancti Geraldi, tria jornalia prati, quinque sexteriatas terre et unum jornale vismerie, et aliis membris et pertinenciis suis confrontatis inter iter publicum quo itur de Lemovicis apud Solemniacum[3] ex una parte, et aliud iter publicum quo itur de Lemovicis apud Condatum[4] ex alia parte, et certum iter vicinale quo itur de dicto itinere de Solemniaco ad dictum aliud iter de Condato ex altera, et clausum sive territorium de Cerbeys[5] ex reliqua partibus, et insuper aliis bonis <et> rebus mobilibus et immobilibus presentibus et futuris, et super ipsorum quolibet in solidum, sicut constat per litteram receptam per Johannem Durandi[6] clericum, die ultima mensis marcii, anno Domini millesimo CCCCC° secundo. Et habemus ipsam grossatam.

Item alie XVIII libre restantes de dicta \summa/ XXVIII libr. fuerunt exposite in prima solucione acquisicionis decem septem lezarum, ut patet per litteram ipsarum quam habemus receptam

1. Voir nos 46, 108.
2. L.-d. disp. à Limoges.
3. Solignac (con de Limoges-11), *v.* n° 108.
4. Condat (con de Limoges-11).
5. L.-d. non localisé, peut-être Cherveix, à Solignac ?
6. Voir n° 88.

per Laurencium Bailhoti[1], die prima mensis decembris anno Domini M° CCCCC° secundo.

| *Pinchau, burgensis villae Lemovicensis, tenet dictum locum de Chambardieras, qui quidem locus vocatur hoc tempore Au Mégé.*| (XVIe s.)

(*mg.*) Fratris Petri Filhou.

a) *mg. avec signe de renvoi.*

[47] **Fundacione anniv. mensis septembris, folio XLII.**

(123) Die XIIII^a mensis septembris anno Domini M° CCCCC° tercio, obiit frater Jacobus Teulerii[2], quondam prior Sancti Geraldi, qui legavit pro suo anniversario fiendo annuatim decem sol. rend. levandos et percipiendos singulis annis in et super domo Stephani Poulhe[3], alias Nivelle, seu heredum suorum, sita in magna rua de Combis[4] juxta et ante fontem deu Chavallet[5].

Item plus habemus supra dictam domum alios decem sol. rend. pro anniversario Johannis de la Deypessa[6]. Et sic sunt XX sol. rend. anno quolibet, sicut constat per litteram receptam per Clementem de Monte Bocherii[7], die XV^a mensis maii anno Domini millesimo CCCC° sexagesimo tercio, que littera grossata est ex parte domini prioris quia super eadem domo habet XIX [[cens]], sol. censuales, et reponitur dicta littera in[a)] prima cayssa signata per .A. Et sic reperietur si opus sit.

| *Dominus* [blanc] *Descoutures*[8] *advocatus regis tenet dictam domum.* | (XVIe s.)

(*mg.*) Fratris Jacobi Teulerii.

a) im *cod.*

1. Voir n°s 83, 85, 92, 94, 102, 106, 112, 122.
2. Attesté comme prieur entre 1473 et 1497, fondateur d'une vicairie le 4 janvier 1502, *v.* n°s 56, 58, 83-84, 99, 109, 124.
3. Voir n°s 55, 66.
4. Rue des Combes, et quartier de Limoges, *v.* n° 66.
5. Fontaine du Chevalet, à Limoges, rue des Combes, *v.* n°s 56, 66.
6. Voir n° 66.
7. Voir n° 105.
8. La page du *Nobiliaire* de Nadaud concernant cette famille a été arrachée (p. 1135 du ms.), *v.* éd., t. II, p. 455 et p. 740-751. Plusieurs de ses membres sont avocats du roi à la fin du XVIe siècle et au XVIIe, Joseph, ...1598-1647..., son fils aîné Symon IV, 1609-1697, son fils Édouard ...1673...

[48] **Fundacione anniv. mensis septembris, folio XLIII.**

(124) Die septima a data sui obitus voluit amplius idem frater Jacobus Teulerii[1], quondam prior Sancti Geraldi, quod vicarius vicarie Sancte Radegundis unum aliud anniversarium annuatim per dominum priorem Sancti \Geraldi/ Lemovicensis faciat precantum omnibus qui celebrabunt cum vigilia, missa et absolucione [[et]] in altum dicta cum revestimentis et pulsatis campanis, cum sex candelis unius libre cere, quatuor in choro et duabus in altari positis; et cuilibet religioso celebranti liberabit et tradit quinque albos, et domini priori si celebret decem albos, et noviciis XII den. et matriculario totidem. Ita cavetur in fundacione ipsius vicarie sancte Radegundis recepta per Guilhelmum Feyditi dit Viday, secretarium episcopi Lemovicensis, die quarta mensis januarii, anno Domini millesimo quingentesimo secundo.

(*mg.*) Fratris Jacobi Teulerii.

[49] *XLIIII.*

(*mg.*) *Achat d'un septier segle de rente sur le pré de Léonard Beysson situé au près du fleuve de Valenne, ladicte lettre a esté receue le 8 jour X*[bre] *1528 par maistre Jehan Courtois, notaire de la ville de Lymoges .*

(125) *Le huitiesme jour de decembre, l'an mil cinq cens vingt et huict, en presence de saiges hommes maistre Jehan Romanet*[2] *et de Loys Benoist, bourgeois de Limoges, tesmoins a ce appellés, Léonard Beysson, du treulh paroisse de Sainct Gérald les Limoges, vendit à monsieur de Sainct Gérald et aultres religieux du prieuré de Sainct Gérald vingt sextiers segle mesure de Limoges de rente, le pris de six livres tur., lesquelles six livres Jehan Gaspi paya réellement en amortissement de cinq sols de rente, qu'il devoit avansé de la mayson ou il demeure, lequel setier de blé de rente ledit Beysson obligea son pré sitz et situé auprès du fleuve de Valenne*[3], *entre le pré de Jehan Beysson*

1. Voir n° 123.
2. Voir n°s 44, 106.
3. La Valeine (ou Valoine), ruisseau se jetant dans la Vienne en aval du pont Saint-Martial, sur la rive gauche, *v.* le cadastre napoléonien de Limoges, de 1812, arch. dép. de la Haute-Vienne, section de Romanet, G 1.

son frère d'une part et le pré de Léonard Le Roffeu dudit lieu d'autre, comme est contenu en la lettre resseue ledit jour par maistre Jehan Courtoys, notaire dudit Limoges.

Annexe

f. CLXXXXXIIII[rv] [88] : *Décision prise le 4 mars 1552 par les religieux de Saint-Géraud, Léonard Mathivet, Germain Gergot, Marcial Bailhot, Salvy Beynel, Pierre Gonhe, Jehan Bodau, Jehan Picard relative aux anniversaires de Jehan du Rieu, alias Barny, et aux autres anniversaires célébrés dans l'année.*

(126) Le quatriesme de mars l'an mil cinq cens cinquante deux, nous frères Léonard Mathivet, Germain Gergot, Marcial Bailhot, Salvy Beynel, Pierre Gonhe, Jehan Bodaud, Jehan Picard, religieux de Sainct Geraud, avons ordonné pour perpétuel mémoyre des anniversaires que se font en nostre eglise de Sainct Gerauld tout le cours de l'année, tant pour le salut des ames des fondateurs desdits anniversaires que pour la descharge de nos confreres et des aultres qui seront religieux dudit Saint Gerauld a l'advenir.

Et premierement avons ordonné des messes que fonda feu Jehan deu Rieu alias Barny [1], lequel fonda en son vivant deux messes la sepmayne basses, assavoir une le dymanche l'autre le vendredy. Et pour ce que lesdites deux messes n'estoyent deuement fondées, avons ordonné qu'il sera faict quatre anniversayres sollemnelz ung chacun an, et le premier ce fera le quatriesme de febvrier, le segond le quatriesme de mars, le tiers le quatriesme d'aoust et le quard le quatriesme de decembre, avec vigille, messe et absolution et avec diacre et soubz-diacre et tous les religieux seront tenus celebrer messe basse pour ledit Jehan deu Rieu alias Barny et lesdits jours que dessus lesdits anniversayres se feront. Et celluy qui sera ebdomadier les jours que ce selebreront lesdicts anniversayres, icelluy ebdomadier sera tenu dire ladite messe la sepmayne amprés par tous dylays et en advertira le bayle desdits

1. *Johannes de Rivo*, dict Berni, Barni, fondation en 148, *v.* n°s 9-12, 60, 68, 107.

anniversayres quant il la voudra dire. Et en advenement que lesdits religieux ne voulussent dire messe lesdits jours de la celebration desdits quatre anniversaires, le bayle des annyversaires sera tenu les faire dire a leurs despens et baillera a celluy qui dira lesdites messes deux soulz six deniers pour messe aux despens des deffailhans. |[v]

Item a esté ordonné que tous les aultres anniversayres seront faicts au jour que tumberont et le jour d'avant seront tenuz les religieux d'une vigille apres vespres, et le bayle des anniversayres sera tenu les advertir le jour d'avant a poyne de deux soulz six deniers tur. qu'il sera tenu payer sur le champ pour avoir esté deffailhant. Et advenement que le soubz ebdomadier seroit empesché et qu'il ne pourroyt dire les anniversayres, estans dedans sa soubz ebdomade au jour qu'ils tumberoyent, il sera tenu lesdics faire dedans ladite sepmayne de soubz ebdomade, aultrement le bayle desdits anniversaires sera tenu les fere dire à ces despens et bailher deux soulz six deniers pour messe comme dict est.

Et les choses susdites, nous susdits religieux avons promys et juré tenir et observer de poinct en poinct, tesmoingtz nos seings manuelz cy mis les jours et an que dessus.

Et davantaige a esté accordé entre nous susdicts que ceulx que ne se trouveront le soir a la vigille perdront un liard et aussy les deffaillans a la messe ung aultre liard, ce il ne sont aux champs et c'il sont en ville seront punctuez comme dessus sans aultre escuze. Faict comme dessus.

[*Signé*] M. Bailhot [*paraphe*].

TABLES

TABLE DES NOMS DE LIEU ET DE PERSONNE

ABRÉVIATIONS UTILISÉES : b. = beata, beatus. – burg. = burgensis. – dom. = dominus. – HV = Haute-Vienne. – Lem. = Lemovicensis. – mag. = magister. – <not.> = notarius, lorsque le terme n'est pas explicitement utilisé, mais qu'il s'agit des notaires ou des clercs qui ont instrumenté pour le chapitre. – presb. = presbiter. – SG = Sancti Geraldi.

A

Agia (Johannes de), mag., <not.>, 78.

Agnes, conjux Guilhelmi de Bello Brolio, 34, 86.

Aimericus, frater Johannis de Rupe, 83.

Albiac (Marcialis), mag., notarius Castri Lem., 92.

Alverignia (Marcialis de), mag., judex curie consulum, 109.

Andree (Laurencius), clericus de <Petro de> Boria, 99.

Anna, altar b., 9.

Anthonia, relicta Vincencii Jarry, domus, 84.

Anthonii (Stephanus), alias lou Souch, 95.

Anthonius, confratria b., 22, 80.

—, sanctus, confessor, dies, 76.

Arboris Picte, rua, in Castro Lem., 43, 105. — *Rue de l'Arbre-Peint*, à Limoges.

Arenae, cimiterium, 85, 92; – porta, 92. — *Les Arènes*, porte dans l'enceinte du Château et quartier de Limoges.

Audiere (Mathiva), uxor mag. Stephani Joanaudi, in legibus licenciati, 112.

Audierii (Marcialis), burg. Castri Lem., 22, 80, 84, 94.

Au Mégé, locum de Chambardieras, vocatur hoc tempore, 122. — L.-d. disp. à Limoges.

Auri (Bernardus), domus sita in rua de Parva Possa, 15; – vinea heredum quondam, 81.

— (Petrus), <not.>, 81.

Auria, fons, 108, 113, 116. — Fontaine disp. à Limoges.

Axia (Lucia de), domus sita in rua Torta, 114.

B

Bailhot (Marcial), frère, 126.

Bailhote, Bailhoute (Mariota), uxor Mathei Gergot, 16, 38, 76, 82, 100-101.

Bailhoti (Geraldus), mag., <not.>, 87, 93, 95.

— (Laurencius), <not.>, 83, 85, 92, 94, 102, 106, 112, 122.

— trilhiae, 112.

Banlangier, rua de, 62. — *Rue du Banc-Léger*, et quartier de Limoges.

Bardinet (Johannes), 122.

Bardini (Johannes) clericus, 82.

— (Petrus), mag., <not.>, 82.

Barnabas, apostolus, b., festum, 3.

Barnini (Johannes), 9.

Beguoy (Martinus), alias Picau, et Petrus Beguoy ejus filius, 108.

Belage (Leonarda), uxor, Johannis Chambo, dit Knulhet, mater Leonardi Chambo, 113, 116.

Beletaudi (Ludovicus), frater, 3, 94, 103.

Bellac, *Belacum*, villa, 23, 40, 83-84, 102. — *Bellac* (HV, ch.-l. d'arr.).

Bellemie (Antonius), mercator urbis Lem., 121.

Bello Brolio (Agnes de), 34, 86, 95.

— (Gilla de), 34, 45, 95, 107 ; – *v.* Gilla de Pulcro Brolio.

— (Guilhelmus de), 26, 86.

— (Johannes), senior, dominus loci, 107.

— (Marcialis de), 34, 95.

— (Petrus de), dom., 69.

— Voir Pulchro Brolio.

Bellum Brolium, locus, 107. — *Beaubreuil*, c^{ne} de Limoges.

Benedicti (Matheus), burg., 62, domus in rua de Banlangier, heredes, 121.

Benoist (Loys), bourgeois de Limoges, 125.

Bernardus [Gui], episcopus Lodovenensis, 74.

Bessa (Marcialis de), mag. <not.>, 90.

Bethole (Petrus), domus sita in rua de Maignehine, 15.

Beuna, burgus, 77, 87-88 ; – parrochia, 111 ; – cappellanus, 27, *v.* Stephanus dictus Parvi Petrus, Stephanus de Grossa [Radi]ce. — *Beaune-les-Mines* (HV, ancien c^{on} d'Ambazac, village intégré à Limoges en 1962).

Beynel (Salvy), frère, 126.

Beyssaco (Johannes de), presb., <not.>, 108.

Beysson (Léonard), 125.

— (Jehan), pré, 125.

Bodaud (Jehan), frère, 126.

Bonet (Petrus), de Raphilou, 25, 85, domus ; – et Valeria Mathive ejus uxor, 92.

Boneti (Johannes), dom., <not.>, 118.

Bordas (Guilhot, Guilhotus), 18, 75, 84, 121.

— (Johannes), 21 ; – filius Leonardi Bordas, vinea, 81, 84 ; – *v.* Johanna Roucelle relicta ej.

— (Leonardus), vinea, 81, 84 ; – *v.* Johanna Roucelle.

Bori (Marcialis), burg. Castri Lem., 62.

Boria (Margarita), 64.

— (Petrus de), mag., 112 ; – *v.* Petrus la Boria.

Bosco (Anthonius de), Castri Lem. burg., 94.

Boscum, domina priorissa de, 121. — *Bost-las-Mongeas* (HV, c^{ne} d'Aureil, c^{on} de Limoges-12).

Bothinarium, Botinarium, territorium, 12, vinea, 15. — L.-d. disp. à Limoges.

Botini (Johannes), burg. Castri Lem., 12-13, 15.

Boubiat (Jacobus), et mater ej. Cicila, 72, 114.

Bourdeulx, lous, 121.

Boysson (Ludovicus), heredes, 46 ; spinterius, 122 ; vineam, 108.

— (Petrus), filius Ludovici, 122, pistor.

Brevis (Johannes), clericus, <not.>, 113, 119.

Briguel (Anthonius), vinea, 121.

Broau (Bernardus), 17, 79.

— (Marcialis), domus sita in rua de Possa, Castri Lem., 93.

— (Petrus), nostre parrochiae, 79; *v.* Bertrandus de Chantelauve.

C

Campis (Jacobus de), <not.>, 84.

— (Johannes de), <not.>, 122.

Cassou (Marcialis), vinea, 92.

Castrum Lemovicense, 12-13, 44, 62, 77, 80-82, 92-94, 96, 105-106, 112-113, 118-119, 122; - consules, 109; - mensura, 108. — *Le Château*, quartier de Limoges.

Castrum Lucii, 81, 84, 121. — *Chalucet* (HV, c^ne^ de Saint-Jean-Ligoure, c^on^ de Pierre-Buffière).

Cerbeys, territorium de 122. — L.-d. disp. à Limoges.

Ceulx (Albertus de), presb., 10-11, <not.>, 121.

Chabessier (Nycolaus), frater SG, 3, 94.

Chabessiere, Chabessieras (Johaneta, Johanna), domus sita in rua Maignenye, 90-91, heredes.

Chambardieras, *Champs Bardieyras*, locum de, vocatur hoc tempore Au Mégé, in parrochia Sancti Geraldi, 122. — L.-d. disp. à Limoges.

Chambo (Johannes), dit Knulhet et Leonarda Belage, conjuges, 113.

— (Johannes), dit lou Soubzprieur, manuperarius predicti Castri Lem., 113.

— (Leonardus), filius Johannis Chambo dicti Knulhet et Leonarde Belage ejus uxoris, 113, 116.

Chambon (Johannes), mercator seu burg. Castri Lem., 19, 77.

Chambonis (Johannes), mag., notarius, 76, 95; - scindicus noster, 104.

Champchouven, clausum, 46, 108, 113, 116 : - territorium, 108. — *Le Chien-Chauvaux*, *Chinchauvaud*, quartier de Limoges.

Chantelauve (Bertrandus de), et Petrus Broau, consortes nostre parrochiae, 79.

Charbonier (Petrus), alias Ranso, 33, 67, 122; - cognatus Petri Filhou, 55.

Chaslar, clausum deu, in parrochia Sancti Geraldi, 106. — L.-d. disp. à Limoges.

Chatarium, *Chatharia*, in villa Bellaci, 40, 102. — *Le grand et le Petit Chapterie*, l.-d., c^ne^ de Bellac.

Chavalet, *Chavallet*, fons deu, 56, 66, 123. — *Fontaine du Chevalet*, à Limoges, rue des Combes.

Chavanac, prior, 93. — *Chavanac*, cure et prieuré (HV, c^ne^ d'Aureil, c^on^ de Limoges-12).

Cheyron (Blasius), dit Petit Mengar, laborator ville pontis Sancti Marcialis, terra, 94.

Chourry (Stephanus), <not.>, 84.

Choussadis (Philippus de), clericus, <not.>, 80.

Cicila, mater Jacobi Boubiat, 72, 114.

Clidacum, prior, 3, *v.* Guilhelmus de Matheo, 3. — *Clédat* (Corrèze, c^on^ de Bugeat, c^ne^ de Grandsaigne).

Colhasses (Johannes alias Joany de), pastisserius, generis Johannes de Traygnas, Castri Lem. habitator, 113.

Columbi, **Colon** (Guilhelmus), burg. Castri Lem., 53, 119; *v.* Guilhemeta Jouviondo relicta ej.

— (Marcialis), 119; *v.* filius ejus Julianus.

Combis, rua de 66, 123. — *Rue des Combes*, et quartier de Limoges.

Condade (Johanna), sive Mosniere, hospita burgi de Beuna, 88.

Condadılle, locum seu mansum, 94, 106. — *Condadille*, à Saint-Paul, 94, ou à Condat (c^{on} de Limoges-11).

Condat (Guilhelmus), pater Petri Condat, 88.

— (Petrus), filius condam Guilhelmi Condat, 88.

Condatum, 122. — *Condat-*[*sur-Vienne*] (HV, c^{on} de Limoges-11).

Coquet (Guilhelmus), domus, 93.

Corteta (Johannes), 20, 78.

Corteys (Anthonius), cellarius, domus, 93.

Cosaudi (Jacobus), frater SG, 94.

Courtois (Jehan), maistre notaire de la ville de Lymoges, 125.

Cozeyo (Guilhermus de), vinea, 113.

Crosa (Gregorius), 47, 94-95, 109, panitonsor, 100; – *v.* Peyrona Motauda relicta ej., 42, 95, 104.

Crux, festum, dies, Invencionis s., 97-98.

D

Damet (Petrus), junior, faber, 72, 114.

— (Petrus), senior, 72; – et alius Petrus Damet junior et faber, 72, 114.

Delage (Joseph), carnarius, habitator pontis Sancti Martialis, 80.

Demay (Joannes), habitator suburbii de Magninha, 108.

Descoutures, dom., advocatus regis, 123.

Deux (Johannes), dit Arnaut, manuperarius Castri Lem., 82.

Disnamandi (Johannes), frater Mathei Disnamandi, burg. Castri Lem., 118.

— (Matheus), presb. parrochie Sancti Petri de Quadruvio, 52, 118.

Domnohnio, Domnopnio (Petrus de), alias de Stupis, <not.>, 9-10.

Domus Dei, 108. — *La Maison-Dieu*, maladrerie à Limoges.

Drapparium, clausum, 33, 55, 67, 70, 122. — L.-d. disp. à Limoges.

Dupré (Leonardus), habitator suburbii de Mayninhe, 121.

Durandi (Johannes), <not.>, 88, 122.

— (Petrus), notarius, 13.

F

Fagia (Anthonius de), sive de Podio Ponchet, frater, 36, 43, 49, 105, tumulum, 97; *v.* Johannes de la Faya et Margarita de Vanacier, 113, pater.

— (Marcialis de), sive de Podio Ponchet, frater Anthonii de Fagia, 97.

— (Petrus de), sive de Bello Brolio, filius Johannis et Johanne de la Faya, 114.

Faydit (Johannes), <not.>, mag., cappellanus Sancti Boneti, 91.

Feyditi, dit Viday (Guilhelmus), secretarius episcopi Lem., 124.

Filhou (Petrus), frater, 33, 55, 122.

Fontes, prior, 3; – *v.* Jacobus Rosaudi. — *Fons* (Lot, c^{on} de Figeac-Ouest) ?

Fonts Peciati, territorium, alias Podium de Belle Garde ultra pontem Sancti Marcialis, 113. — *Fontpéchiade*, c^{ne} de Limoges.

Fornier (Guilhelmus), de Gerlier de Possa, 95.

Foucherii (Johannes) presb., mag., <not.>, 89, 95, 106, 113.

Fumat (Johannes), heredes Marcialis de la Lando, 96.
Fumorti (Johannes), 116.

G

Galli (Johannes), dom., vicarius magne vicarie ecclesie cathedralis Lem., 115.
Gaspi (Jehan), 125.
Gau Merdier, rua vulgariter nuncupata de, Castri Lem., 92. — Rue disp. à Limoges.
Gazzas, domus deu, 112.
Gergot (Caterina), 120.
— (Germain), frère, 126.
— (Johannes), 90.
— (Johannes), filius Mathei Gergot, 101.
— (Johannes), junior 76.
— (Johannes), senior, 65.
— (Matheus), condam, 14, 16, 38, 76, 82, 100-101 ; – *v.* Mariota Bailhote ej. uxor.
— (Matheus), filius dicti Petrus dum viveret, 76.
— (Petrus), pater Mathei Gergot, 16, 76, 82.
Gerlier, de Possa, 95, 104.
Gonhe (Pierre), frère, 126.
Grossa Radice (Parvus Petrus de), 77.
— (Stephanus), junior, 30, 85, 92.
— (Stephanus de), dom., olim capellanus de Beuna, 27, 87 ; – avunculus Vincencii de Grossa Radice, 27.
— (Vincencius de) frater SG, 3, 19, 27, 77, 87, 92, 94, 107.
Grougon (Leonardus Matheus), Grougon (Leonardus Matheus), domus, 71, heredes, 84.
Grougone (Valeria), 81, 84.
Guilhelmus, dit Gendermo, et Petrus, filius Marcialis Broau, 93.
Guilho, Guilhonis (Philippus), de Parietibus, 44, 106.
Guilhot, Guilhoti (Johannes), dict Bordas, heredes, 75.
— (Roullandus), mag., in legibus licenciatus, predicti Castri habitator, 106.
Guilhoumau (Guilhelmo), de Veyrinas, 113.

J

Janicotus, de Sancto Leonardo, frater Marcialis Mercerii, fratris [SG], 39.
Jarrigon (Johannes), 70.
Jarry (Vincenciius), 84, relicta ej. *v.* Anthonia.
Joanaudi (Stephanus), mag. in legibus licenciatus, 112 ; – *v.* uxor ej. Mathive Audiere.
Joau (Johannes), dit Prally, 37, 99.
Joffo (Albertus), mag., procurator generalis domini nostri regis, 110 ; – *v.* Mathiva Loumosnaria ej. uxor.
Johannes, Babtista, b., vigilia, 107.
—, dict Joau Prally, 37, 99 ; – dit Prally, presb., frater Stephani de Podio Ponchet deffuncti, 89.
—, et alter Johannes, filii dicti Myrigioti Yvers, 94.
—, filius Leonardi Bordas, vinea, 84.
— senior, dom. <de Bello Brolio>, 107.
Jouvionde (Guilhemeta Guilhoumete), relicta quondam Guilhelmi Colon, Columbi, 53, 119.
Judicis (Johannes), mag., 113.
Julianus, filius Marcialis Colon, 119.

K

Katerina, uxor Marcialis Peyrussau, 80.

L

la Barro, clausum de, 111. — Le quartier des Barres, à Limoges ?

la Boria (Petrus), clericus, mag., not., 11-12, 15, 75, 84-85, 87, 92, 98, 107, 110, 115, 121 ; – *v.* Petrus de Boria.

la Brugiera, 108. — *La Brugère*, c^{ne} de Limoges.

la Chate, clausum de, 113. — L.-d. disp. à Limoges.

la Chatre, vilagium, terra situata prope et juxta in parrochia Sancti Genciani, 37, 97. — *La Châtre* (HV, c^{ne} de Saint-Gence, c^{on} de Nieul).

Lacoste (Johannes), dict Marquet, domus sita in rua deu Verdier, 15.

la Corcella (Johannes de), dit Grasset, presb., 76, 82.

la Deypessa (Johannes de), 123, lignifaber donatusque noster, 66.

la Faya (Gilla de), 34.

— (Johannes de), et Margarita de Vanacier ej. uxore, 113 ; – pater Anthonii de Fagia, 49.

— (Johannes et Johanna de), 57, 114.

Lafont (Jacobus et Johannes), de Ventou, 69.

la Fossa (Lucas de), domus in suburbiis Maignehnie Castri Lem., 112.

la Lando (Petrus de), 96.

— (Marcialis de), parrochie Sancti Genciani, 35, 96.

la Lando, parrochie Sancti Genciani, Lem. diocesis, 35, 96 ; — *La Lande*, (HV, c^{on} de Nieul, c^{ne} de Saint-Gence).

la Mirau, domus que olim fuit de, 112.

la Padie, de Sollemplhaco, vinea a, 108.

la Piletaria (Mathias sive Massias de), et Valeria, conjuges, parrochie de Beuna, 111.

Larchadre (Eymericus), frater, 54, 121.

las Corrieras (Petrus de), dit Chabier, agulhetarius, 85.

Laurencius, altar s., seu Flagellationis Domini nostri Ihesu Christi, in ecclesia S. Petri de Quadruvio, 110 ; – s. martir, dies, 110, 117.

La Voulte (Marcialis), <not.>, 121.

— (Symon de), domus, 84.

Laylie (Johannes), dit Prossimar, 91.

Lemovicensis, 122 ; – antistes, 3 ; burg., 12-13, 44, 62, 77, 80, 94, 106, 118-119, 122, 125 ; – Castrum, *v. s. v.* – Curia, praeses, 119, *v.* Dominus Peyriere ; – curia senescalli, 105 ; – diocesis, 35, 96 ; – ecclesie cathedralis, 115 ; – episcopi secretarius, 124, *v.* Guilhelmum Feyditi dit Viday ; – mercator, 14, 19, 76-77, 121, *v.* Antonius Bellemie, Johannes Chambon, Matheus Gergoti ; – suburbium, 14, 76, 84, 121 ; – porte Maignenye, *v. s. v.* ; – urbs, 121 ; – villa, 84, *et passim*. — *Limoges* (HV, ch.-l. de dép.).

Leo [X], papa, 3.

Leonardus dit Nardon, filius dicti Myrigioti Yvers, 94.

Le Roffeu (Léonard), pré, 125.

Lodovenensis, episcopus, 74 ; – *v.* Bernardus [Gui]. — *Lodève* (Hérault, ch.-l. d'arr.).

lou Gou (Petrus), et Gilla de Bello Brolio, uxor ej., 45, 107 ; – filius Agnetis conjugis Guilhelmi de Bello Brolio, 86.

lou Mercier (Petrus), et frater ej. Johannes dit Prally, vinea, 89.

Loumosnaria (Mathive), uxor quondam mag. Alberti Joffo, procuratoris generalis dom. nostri regis, 110.

Louryere, clausum, de la 111. — L.-d. disp. à Limoges.

Ludovicus [XII] rex, 3.

M

Magnehnie, Maignehnie, Maignenye, Magninha, Mayninhe, porta, 84-85, 90; – rua, 15, 90; – suburbium, 75, 77, 96, 108, 112, 121. — *Manigne*, porte et quartier de Limoges.

Magret (Petrus), alias deu Teulle, mansi deu Teule, 31, 59, 93.

Magrete (Margarita), 46. 108.

— (Saguina), 18, 75.

Manso (Marcialis de), <not.>, 81.

Maria Virginis, Maria Virgo, b., 97; – Annunciacio, 27, 87; – Assumptio, 52, altar Assumpcionis, 118; – Conceptio, 70.

—, sive Mariotha, filia Cecilie Texciere et Stephani de Podio Ponchet, 89.

Martinault (Anthonius), heredes, 94.

Martinaux (Marcialis et Stephanus), fratres, nostre parrochie, 122.

— (Stephanus), 122.

Matheo (Guillelmus de), frater, prior de Clidaco, 3, 94.

Mathive (Valeria), uxor Petri Bonet, 92.

Mathivet (Léonard), frère, 126.

Melhaudi (Johannes), clericus, 82.

Mercerii (Marcialis), frater SG, 39, 94; – <not.>, 96.

Merigato, dit Merigaud, 96.

Michael, filius Blasii de Sermodieras, 121.

Molina (Petronilla), de villa Bellaci, mater fratris Jacobi Teulerii, quondam prioris hujus cenobii, 23, 83, 102.

Mongon, clausum de, 111. — L.-d. disp. à Limoges.

Mons (Agnus deu), 96.

Monsorio (Gabriel de) dom., moram trahens in suburbio Maignenye, <not.>, 77, 96.

Monte Bocherii (Clemens de), clericus <not.>, 105, 123.

— (Johannes Clemens de), <not.>, 116.

Monte Mailhier, Montmalier, porta de, 85, 92. — *Montmailler*, porte dans l'enceinte du Château et faubourg de Limoges.

Mosnier (Petrus), pater Johanete Mosniere, burgi de Beuna, 87.

Mosniera (Johanna), relicta Johannes de Rivo, 68, 107.

Mosniere (Johaneta), burgi de Beuna, 87, *v.* Petrus Mosnier pater ej.

— *v.* Johanna Condade sive Mosniere, 88.

Motauda (Petronilla), sive Crosa, 42.

— (Peyrona), relicta condam Gregorii Crosa, 42, 95, 104.

Mourelli (Johannes), pasticerius, 109.

Moureu, molendinum, 20, 78, 95. — L.-d. disp. à Limoges, sur la Vienne.

N

Narbolieras (Petrus de), nobilis vir, 25, 85, 92.

Nautrat (Marcialis), <not.>, 120.

Nivella (Guilhelmus), 108.

Nivelle, *v.* Stephanus de Poulhe, alias, 56.

P

Panazolium, cappellanus de, 115 ; – *v.* Stephanus Solier. — *Panazol* (HV, c^{on} de Limoges-12).

Parietes, 44, 106 ; – *v.* Philippus Guilhonis, de Parietibus. — L.-d. disp. à Limoges.

Parva Possa, rua de 15. — Rue de Limoges dans le quartier des Pousses.

Paulus, Conversio s., 20.

Pereilh (Johannes), dict Cathus, manuperarius, 75.

Petrus, s., cathedra mensis februarii, 16.

—, dit Penot, filius Thome de Podio Ponchet, nostre parrochie, 98.

—, dit Penotus, nepos Anthonii de Fagia sive de Podio Ponchet, 97.

—, filius alterius Johannis senioris Gergot, 76.

—, filius dicti Myrigioti Yvers, 94.

—, filius Ludovici Boyssou, pistor Castri Lem., 122.

Peyriere, dom., in Curia Lem. praeses, 119.

Peyrussau, Peyrussaudi (Johannes) dit Bique, laborator, 94 ; – hujus parrochie, 95.

— (Marcialis), nostre parrochie, 22, 42, 80, 95, 104, et Katerina uxor sua.

Picard (Jehan), frère, 126.

Pichocaryt (Petrus), dom., exequutor testamenti Mathei Disnamandi, 118.

Piletaria, villagium de la, 111. — *Pilaterie* (HV, c^{ne} de Beaune, puis de Limoges en 1962).

Pinchau, burg. ville Lem., 122.

Pinu (Laurencius de), <not.>, 106.

Pissa Vache, porta de, 61. — *Porte Pisse-vache*, dans l'enceinte du Château.

Pisyciera, pons vocatus de la, 106. — L.-d. disp. à Limoges.

Pitiot (Johannes), vinea, 108.

Podio Dei (Geraldus de), frater Leonardi sive Nardon, nostre parrochie, 99.

— (Leonardus de), alias de Tareilh, 96.

— (Leonardus de) sive Nardon et Geraldus, nostre parrochie fratres, 99.

Podio Ponchet (Anthonius), *v.* Anthonius de Fagia, 36, 43, 97, 105.

— (Johanna de), uxor Parvi Petri de Grossa [Radi]ce, 77.

— (Johannes de), dict Prally, 37, 63, 89, 99.

— (Maria), sive Mariota, filia Stephani de Podio Ponchet et Cecilie Texciere, 89.

— (Stephanus de), 28, 89, et Cecilia Texiere ejus uxor, 28, 89.

Podio Punchet (Marcialis de), domus sita in barriis porte Maignenye, 85.

Podium de Belle Garde, ultra pontem Sancti Marcialis, 84, 113. — L.-d. disp. à Limoges.

Podium deu Carmeys, vinea, 90. — L.-d. disp. à Limoges.

Podium la Garda, territorium de, 75, 81. — L.-d. disp. à Limoges.

Podium Ponchet, mansus, 98. — vinea, 89. — *Puy Ponchet*, à Limoges.

Podium Vincencii, parrochie Sancti Geraldi, 54, 121. — *Puy-Vincent*, à Limoges.

Pons Sancti Martialis, 80, 94, 106, 121. — *Pont Saint-Martial*, pont sur la Vienne et quartier de Limoges.

Possa, rua de, 50, 76, 93, 95, 115 ; – de Pousse, 82. — *Rue des Pousses*, rue et quartier de Limoges.

Poulhe (Stephanus de), alias Nivelle, domus in rua de Combis ante fontem deu Chavallet, 56, 66, 123.

Poyat (Johannes de), Ventou, 92.

Prally (Johannes), dict Joau, 37, 63, 89, 99 ; – dit Prally, presb., frater Stephani de Podio Ponchet deffuncti, 89.

Prat Sencthirieys (Johannes), manuperarius Castri Lem., 106.

Predicatorum, conventus, 74. — *Les frères prêcheurs* de Limoges.

Prosimar, dom. loci de, 119. — *Proximart*, c^{ne} de Panazol (c^{on} de Limoges-12).

Prunelli (Petrus), presb., 48, 110, 112, 117.

Pueu [Pueg] la Garde, clausum deu 81. *v. Podium la Garde.*

Pulcro Brolio (Gilla de), 95 ; – *v.* Gilla de Bello Brolio.

— (Marcialis et Gilla de), 95.

R

Ranso (Petrus), alias/dit Charbonier, 33, 67, 122 ; – cognatus Petri Filhou, 55.

Raphilou, rua de, 25, 85. — *Rue de Rafilhoux*, et quartier de Limoges.

Rosaudi (Jacobus), prior de Fontibus, 3, 94.

Raymond (Bartholomeus), dictus vulgariter Grosyou, 106.

Razes (Johannes de), barbitonsor, heredes, 75.

Regis (Matheum), frater SG, 3, 94.

Reymondeys (Leonardus), 121.

Reynier (Parvus Johannes), sartor, domus, 93.

Reys (Johannes), et alterius Johannes, fratribus, 107, vinea, 87, pratum, 45.

Riperia (Johannes de), <not.>, Sancti Aredii, qui tunc moram trahebat cum magistro Petro de Boria, 112.

Rivaud (Petrus), panni tonsor, 92.

Rivo (Johannes de), dict Barni, 9-12, 60, 68, 107 ; – relicta, *v.* Johanna Mosniera, 68, 107.

Rochau (Marcialis), hujus parrochie, 41.

— (Marcialis), junior, nostre parrochie, 103.

Rocho (Johannes), 50, 115.

Romanet, Romaneti (Johannes), burg. Castri Lem., 44, 106 ; — (Jehan), maistre, bourgeois de Limoges, 125.

Roucelle (Johanna), relicta Johannis Bordas, 21, 81.

Rouy (Helyas ou), domus, 93.

Ruben (Petrus), 112.

Rullet, rua de, juxta portam de Pissa Vache, 61. — Rue disp. à Limoges.

Rupe (Aimericus), frater Johannis de Rupe, 83.

— (Johannes de), frater, 40, 83, 102.

S

Saleyo (Franciscus), frater Leonardi, burg. Castri Lem., 44, 106.

— (Leonardus) et Franciscus Saleyo, fratres, burgenses Castri Lem., 44, 106.

Saleys (Johannes), dom., archipresb., domus, 92.

Sancte Radegundis, vicarius vicarie, 58, 124.

Sanctus Aredius, 112. — *Saint-Yrieix* (HV, ch-l. d'arr.)

Sanctus Aredius, pratum prope Sancti Geraldi, 17 ; – alias vocatum pratum de las Varenas, 79. — L.-d. disp. à Limoges.

Sanctus Bonetus, 91 — *Saint-Bonnet-Briance* (HV, c^{on} de Pierre-Buffière).

Sanctus Gencianus, parrochia Lem. diocesis, 35, 37, 96, 99. — *Saint-Gence* (HV, c^{on} de Nieul).

Sanctus Geraldus, prope et extra muros Castri Lem., 2 *et passim* ; – bajulus anniversariorum, 98-99, 102, 104-106, 108, 110, 113, 121-122 ; – conventus 82, 93, 123 ; – opus anniversariorum, 94 ; – parrochia, *passim* ; – prior, 12, *et passim*, *v.* Simon Teulerii.

Sanctus Leonardus, 39. — *Saint-Léonard-de-Noblat* (HV, ch.-l. de c^{on}).

Sanctus Marcialis, pons, 80, 94, 106, 121. — *Pont Saint-Martial*, à Limoges, sur la Vienne.

Sanctus Marcialis, reclausum monasterii, 110. — *Saint-Martial*, abbaye, à Limoges.

Sanctus Paulus, Civitatis Lem., cimiterium, 114. — *Saint-Paul*, église et cimetière, à Limoges.

Sanctus Paulus, parrochia, 94. — Saint-Paul (HV, c^{on} de Pierre-Buffière).

Sanctus Petrus de Quadruvio, ecclesia, 110 ; – parrochia, 118 ; – presbsyter, *v.* Mathei Disnamandi. — *Saint-Pierre-du-Queyroix*, à Limoges.

Sanctus Salvator, prope Belacum, parrochia 84. — *Saint-Sauveur*, « près le château de Bellac » (HV, c^{ne} de Bellac).

scenescallus, regia Lem. curia, 121.

Sermodieras (Blasius de), terra, 121.

Solemniacum, *Sollemplhacum*, 108, 122. — *Solignac* (HV, c^{on} de Limoges-11).

Solier (Albertus), mag., frater Mathive Audiere, 112.

— (Petrus), donatus noster, 65*, 112.

— (Stephanus), olim cappellanus de Panazolio, 50, 115.

Solomighnat (Jacobus) de, 64.

Sousdouyraudi (Franciscus), mag., in legibus licenciatus, 105.

— (Johannes), dom., dum viveret frater Mathei Gergot, 82, 100.

Stephanus, dictus Parvus Petrus, frater olim cappellani de Beuna, 77.

Sudroti (Stephanus), 29, 90, dom.

T

Tabalon, terra de, 121. <n. de pers.>

Tauso (Johannes), alias Benesd, 114.

Teilhet (Petrus), cordonarius, domus, 92.

Teulerii (Jacobus), frater, prior hujus conventus, 56, 58, 83-84, 99, 109, 123-124.

— (Johannes), frater, 3, 94.

— (Petrus), frater, 51, 113, 116.

— (Stephanus), 83, 102.

— (Symon), frater, prior hujus conventus, et filius Stephani Teulerii, 3, 83, 94, 102.

Texciere (Cecilia), uxor Stephani de Podio Ponchet, 28, 89.

Tormiou (Matheus), domus in Castro Lem., in rua Arboris Picte, 43, 105.

Torta, rua, 114. — *Rue Torte*, à Limoges.

Tourmela (Johannes), <not.>, 81.

Traygnas (Johannes de), 113, – *v.* Johannes alias Joany de Colhasses.

V

Valata (Ludovicus de), <not.>, 121.

Valenne, fleuve, 125. — *La Valeine*, riv.

Valeria, uxor Mathias sive Massias de la Piletaria, 111.

Vanacier (Margarita de), mater Anthonii de Fagia, 49 ; – uxor Johannis de la Faya, 113.

Varenas (Johanna), ejusdem ville [Bellac], 24, 71, 81 ; – parrochie Sancti Salvatoris prope Belacum, 84.

Varenas, pratum de las, situatum in manso prati Sancti Aredii prope Sancti Geraldi, 17.

Ventou, 69, 92. — *Vantaux*, quartier de Limoges.

Verdier, rua deu 15. — Rue disp. à Limoges.

Vergne, trolium dou, 44, 106. — *La Vergne*, l.-d. à Limoges.

Vexcontaulx, *Veycuntau*, pratum ultra Vigennam, 42, 94-95, 104. — *Le pré vicomtal*, sur la rive gauche de la Vienne.

Veyrinas, Guilhelmus Guilhoumau, de, 113. — L.-d. disp. c^ne^ de Limoges.

Vigenna, *Vigena*, 94, 104, 106 ; – costas, 20, 78, 95. — *La Vienne*, riv.

Villar, territorium prope pratum Vicecomtaux, 94. — L.-d. disp. à Limoges.

Villerent, territorium prope pratum Vicecomtaux, 94. — L.-d. disp. à Limoges.

Vincencius, s. martir, dies, 19, 77, 87.

Vivinia (Anthonius de), clericus, <not.>, 119.

Y

Yvers (Petrus et Andreas), fratres, 94.

—, de Condadilho (Mirygotus), 32, 94.

TABLE DES PRINCIPALES MATIÈRES

A

absolucio, absolutio [*absoute*], 52, 76, 78, 80-82, 85, 97, 100, 104-105, 110, 124; – supra tumulum, 77, 105.
absolution, 126.
accapmentum [*achapte*], 106, 108.
acquisicio [*acquisition*], 2, 10, 19, 24, 29-31, 44, 49, 63, 77, 83, 87, 92, 102, 106-107, 114, 117, 122.
advocatus [*avocat*], regis, 123.
agulhetarius [occit. *agulhier, fabricant ou marchand d'aiguilles*], 85.
alba [*aube*], missa de mortuis submissa voce cum absolucione in albis dicenda, 81.
albus [*blanc*, monnaie d'argent], 124.
altar [*autel*], 124; – b. Anne, 9; – b. Marie Virginis, 52, 118; – s. Laurencii seu Flagellationis Domini nostri Ihesu Christi, 110.
amicus [*ami*], 82, 100.
amortissement, 125.
anima [*âme*], 12, 27, 49, 78, 80, 87, 100.
annata [*annate*], 107.
anniversarium [*anniversaire*], 2 *et passim*; – solempne, 49, 82.
anniversayres, sollemnelz, 126.
antistes [*évêque*], 3.
argentum [*argent*, monnaie], 77.
arreyragium [*arrérages*], 94, 121.
assensa, assenssa, perpetua [*accense*], 95, 104, 108, 121.
assignacio [*assignation*], 82.
aurum [*or*], mercabile, 86; – regalia auri, 110, 117; – scuta auri, 106.
avunculus [*oncle*], 27, 87.

B

bajulus [*bayle*], anniversariorum Sancti Geraldi, 98-99, 102, 104, 106, 108, 113, 115, 121-122; – Sancti Geraldi, 105, 110.
barbitonsor [*barbier*], 75.
barrium [occit. *barri, faubourg*], porte Maignenye, 85.
bayle, des anniversayres, 126.
benefactor [*bienfaiteur*], 87.
bonum, bona [*bien*], 41, 64, 75, 82-84, 92, 98-99, 107, 109, 111, 116, 119, 121-122; – bona mobilia et immobilia, 92.
bourgeois, de Limoges, 125.
breviarium [*bréviaire*], pargameni in choro cathenatum, 116.
burgensis [*bourgeois*], Castri Lem., 12-13, 44, 62, 77, 80, 94, 106, 118-119; – villae Lem., 122.
burgus, borgus [*bourg*], de Beuna, 87-88.

C

calix [*calice*], 74.
campana [*cloche*], 124.
candela [*chandelle*], unius libre cere, 124.
capellanus [*chapelain*, au sens de desservant], de Beuna, 87; – *v.* cappellanus.
capa [*chape*], 109.
capitulum [*chapitre, salle du chapitre*], noster, 84, 92, 116.
cappella [*chapelle*, au sens d'ensemble de vêtements liturgiques], vestimentorum alborum, 74; – vest. alborum de damays, 109.

cappellanus [*chapelain*], vel vicarius, 110; – de Beuna, 27, 77, 87; – de Panazolio, 115; – Sancti Boneti, 91.
carnarius [*boucher*], 80.
Castrum [*le Château*, la ville comtale], Lem., 2, 12, 44, 62, 77, 80-82, 92-93, 96, 105-106, 112-113, 118-119, 122; – burgensis, 94; – consules, 109; – habitator, 113; – mensura, 108.
casula [*chasuble*], alba orphata, 116.
cathedra [*chaire*], s. Petri mensis februarii, 16.
cayssa [*caisse*, d'archives], signata per .A., 123.
cellarius [*cellérier*], 93.
cenobium [*monastère*], 83.
census [*cens*], 2, 76, 81, 83, 85, 93, 105-106, 108, 121.
cera [*cire*], 124.
chastaneria [occit. *castanhier, chatâigneraie*], 111.
chorus [*chœur*], 118, 124; – sinister, 87.
cimiterium [*cimetière*], Arenarum 92, de Arenis 85; – Sancti Pauli, 114.
Civitas [*la Cité*, la ville de l'évêque], Lemovicensis, 114.
clausum [*clos*], 33, 55, 67, 81, 106, 111, 113, 116; – seu territorium, 122.
clausula [*clausule*], 41, 53, 103; – grossata, 80, 82, 119; – legacionis, 38; – testamenti, 2, 4, 12, 16, 28, 35, 38, 76, 80-82, 89, 96, 100.
clericus [*clerc*], 82, 99, 105, 107, 113, 119, 122.
cognatus [*beau-père, parent*], 55, 122.
collacio [*collation*], cum originali, 81.
compotus [*compte*], factiones, 2.
computacio [*calcul*], 7.
condamnacio [*condamnation*], 61.
confratria [*confrérie*], b., s. Anthonii, 22, 80.
confreres, 126.
confrontacio [*confrontation*], 85.
conjux [*époux, conjoint*], 86, 89, 92, 111, 113.
consortes [*associés*, au sens de membre de la paroisse], 79.
consul [*consul*], Castri Lemovicensis, 109.
conventus [*couvent*], Sancti Geraldi, 12, 23, 56, 58, 80, 82, 93, 99-100, 109, 114; – Predicatorum, 74.
Conversio [*conversion*], s. Pauli, 20.
cordonarius [*cordonnier*], 92.
costa [*côteaux*], Vigene, Vigenne, 20, 78, 95.
curia [*cour*], dominorum consulum Castri Lem., 109; – curia scenescalli regia Lem., 121; – senescalli Lem. Castri, 105.
curriculum [*cours*], temporum, 102, 119.
cursum [*cours*], anni, 65.
custodia [*garde*], 14, 76, 109.

D

damays [*damas*, tissus], 109.
debitum [*dette*], 5.
decessus [*décès*], 27, 87, 92.
decima [*dîme*], 20, 78.
deffailhans, 126.
deffunctus [*défunt*], 89, 99; – deffunctorum, dies, 105.
denarius [*denier*], ponderis trium d., 86.
deperdicio [*perte*], 99.
deppendencium [*dépendance*], 96.
deprecacio [*prière*], 100.
deschargiacio, deychargiacio [*décharge*], 83, 102.
diaconus, dyaconus [*diacre*], 82, 97, 100, 105, 110.
diacre et soubz-diacre, 126.
dies [*jour*], Annunciacionis b. Marie, 27; – deffunctorum, 105; – Invencionis s. Crucis, 36; – obitus, 81-82, 85, 87, 110; – s. Anthonii confessoris, 76; – s. Laurencii martiris, 110, 117; – s. Vincencii martiris, 19, 77, 87.
diocesis [*diocèse*], Lem., 35, 96.
distribucio [*distribution*], 110.
documentum [*document*], 2.

dominica [*dimanche*], 9.
dominium [*domaine*, réserve seigneuriale], fundalis et directus, 106.
dominus [*monsieur*], 10 *et passim*.
dominus [*seigneur*], 119; – fundalis, 121; – vinee, 92.
domus [*maison*], 1-12, 15, 40, 43, 50, 56, 61, 66, 69, 71, 76, 80, 82-88, 90-91, 93, 98, 102, 105, 111-112, 114, 123; – sive escura, 62.
donatus [*donné*], 65-66, 112.
dyaconus, *v.* diaconus.

E

ebdomadier, 126.
ecclesia [*église*], 12, 104; – nostra consecrata, 95; – ecclesia cathedralis Lem., 115; – ecclesia Sancti Petri de Quadruvio, 110.
eglise, de Sainct Gerauld, 126.
emptio [*achat*], 2, 102, 106-107, 114.
emptor [*acheteur*], 96.
episcopus [*évêque*], Lem., 124; – Lodovenensis, 74.
escura [occit. *escura, écurie*], domus sive, 62.
exequtor [*exécuteur*], 52, 63, 90; – testamenti dicti legatoris, 118.
exoneracio, exhoneracio [*exonération*], 83, 102.
expensa [*dépense*], 2, 7, 121.
extractio [*extraction*], 81, 84.
eymina [*émine*], frumenti, 19, 46, 77, 108.

F

faber [*forgeron*], 14, 72.
facultas [*faculté*], redimendi, 10, 119, exonerandi, deychargiandi, 119.
festum [*fête*], b. Barnabe apostoli, 3; – Conceptionis b. Marie, 70; – Invencionis s. Crucis, 97.
filia [*fille*], 89.
filius [*fils*], 77, 81, 83-84, 93, 98, 101, 107-108, 113-114, 116, 119, 122.
fleuve, de Valenne, 124-125.
fluvium [*rivière*], Vigenne, 94, 106.
fondateur, 126.
fons [*fontaine*], *font* Auria, Aurie 108, 113, 116; – deu Chavalet, Chavallet, 56, 66, 123.
fossatum, *fossat* [*fossé*], 92.
frater [*frère*, religieux de S. Gérald], 3 *et passim*.
frater [*frère*, famille], 39, 44, 56, 82, 87, 89, 94, 97, 99-100, 106-107, 112.
frere [famille], 125-126.
frumentum, [*froment, blé*], 19, 32, 46, 49, 54, 77, 104, 108, 121.
fundacio, fundatio [*fondation*], 5, 36-37, 40, 48, 57, 118; – anniversarii, 4, 23, 26, 30-31, 55, 56; – et acquisitionis, 24, 30-31; – et legacionis, 32; – misse, 9, 60; – vicarie s. Radegundis, 124.
fundalitas [*fondalité, domaine*], priorisse de Bosco, 121.
fundator [*fondateur*], 27, 77, 97, 105.

G

gallina [*poule*], 44, 106.
gener [*gendre*], 113.
grangia [*grange*], 88.
grossacio [*mise en forme de grosse*], 81, 84.

H

habitator [*habitant*], 80, 108, 113, 121.
habitus [*habit*], simplex, 110.
heres [*héritier*], 46, 66, 75-76, 81-82, 84, 91-92, 94, 96, 100, 103, 108, 120-121; – universalis, 96.
homo [*homme*], hominis jornalia, 12.
homme, saige, 125.
hortus [*jardin*], seu leza, 113.
horreum [*grenier*], bajuli anniversariorum Sancti Geraldi, 108.
hospita [*habitante*], burgi de Beuna, 88.

I

indivisum [*indivis*], 84.
inquesta [*enquête*], 109.

introitus [*entrée*], capituli, 116.
inventarium [*inventaire*], litterarum, 4.
investigacio [*investigation*], 2.
iter [*chemin*], 108, 121 ; – iter publicum, 81, 92, 106, 122 ; – vicinale, 108, 113, 122.

J

jejunium [*jeûne*], IIII^or Temporum, 65*.
jornale [*journal*, mesure agraire], 75, 80, 90, 107, 111, 113, 122.
judex [*juge*], curie dominorum consulum, 109.
jus [*droit*], paternus, 94.

K

kalendarium [*calendrier*], novi psalterii chori sinistri, 87.

L

labor [*labeur*], 2.
laborator [*laboureur*], 94.
legacio [*legs*], 4, 32, 38, 47, 59, 63-64, 113 ; et fundacionis, 37, 48.
legator [*légateur*], 92, 118.
lex [*loi*], licenciatus in legibus, 105-106, 112.
lesa, leza [occit. *lezo, pièce de terre ou de pré plus longue que large*], 19, 32, 83, 77, 94, 102, 113, 122 ; – ortus seu leza, 113.
levacio [*perception*], 6.
leza, *v.* lesa.
liard, 126.
liber [*livre*], prout in l~is ipsius continebatur, 122.
liberi [*enfants*], 86.
libra [*livre*, monnaie], 10 *et passim.*
licencia [*permission*], 112.
licenciatus [*licencié*], in legibus, 105-106, 112.
lignifaber [*menuisier*], 66.
litigatio [*contestation*], 7.
littera [*lettre*, au sens d'acte], 2 *et passim* ; – acquisicionis, 8, 10, 18, 24-25, 29-30, 44-45, 59, 72, 84, 93, 106, 112 ; – cessionis, 13 ; – condemnacionis, 8 ; – emptionis, 72 ; – fundacionis, 24, 30-32, 36, 39-40, 43, 105 ; – fundacionis anniversarii, 23, 26-27 ; – fundacionis misse, 9 ; – grossata, *passim* ; – legacionis et fundacionis, 37 *et passim* jusqu'au n° 110 ; – memorialis, 8 ; – pronunciacionis, 8, 47 ; – redemptionis, 85 ; – recognicionis et altera condamnacionis, 61, 88, 91, 98 ; – vendicionis, 96, 98.
locum [*lieu, lieu-dit*], 5, 34-35, 96, 107, 110, 119 ; – seu mansum, 106.

M

magister [*maître*, gradué], 75, 82, 84, 87, 91-93, 95, 106, 110, 112-113, 120.
maistre, 124.
mansus [*mas*], 17, 31, 98 ; – sive mestadariam, 106.
manuperarius [*manouvrier*], 82, 106, 113.
manus [*main*], 76, 86-87, 90, 95, 118, 122 ; – in m~ibus gurpivit, 121 ; – exequutorum, 52.
margo [*marge*], signata in m~ne, 82, 84.
maritus [*mari*], 38, 112.
mater [*mère*], 27, 49, 72, 83, 87.
materia [*matière*], in una littera contenta, 94.
matricularius [*marguillier*], 124.
mayson, 125.
memorialia [*mémoriaux*], 2, 4.
mensura [*mesure*], Castri Lem., 108.
mentio [*mention*], et deprecacio animarum, 82-83.
mercator [*marchand*], 19 ; – burgensis Castri Lem., 77 ; – suburbiorum Lem., 14, 76 ; – urbis Lem., 121.
messe, basse 126 ; – *et absolution et avec diacre et soubz-diacre*, 126.
mestadaria, meystadaria [occit. *metadaria, métairie*], 22, 80, 84, 106.
mesure, de Limoges, 125.

missa [*messe*], 9, 12 ; – alta, 105 ; – alta cum diacono et subdiacono, 82, et assolutione, 101 ; – alta de mortuis cum diacono et subdiacono et absolucione, 110 ; – alta de mortuis et absolucione, 78, 80, 85, 103 ; – alta voce de mortuis dicenda et absolucione supra tumulum, 77 ; – alta s. Crucis cum dyacono et subdyacono et cum oratione ipsius diei, 97 ; – de mortuis, 97 ; – de b. Maria Virgine, cum absolucione fienda supra tumulum, 97 ; – bassa submissa voce, 21 ; – b. Maria Virgine, 97 ; – cum solemnitate et absolutione, 76 ; – cum absolutione et vigilia de Assumptione b. Marie, 52 ; – de Assumpcione, 118 ; – de Conceptione b. Marie, 70 ; – de mortuis, 97 ; – de mortuis cum diacono et subdiacono et absolucione post missam, 82 ; – de mortuis submissa voce cum absolucione in albis dicenda, 81 ; – die veneris dicenda, 15 ; – dominice, 11, 60 ; – et absolucione, 124 ; – matutinalis, 9 ; – submissa voce, 8, 32, 100-101.
modus [*mode*], fundacionis, 57 ; – anniversarii, 55.
moilhier [occit. *molher, épouse*], 16.
molendinum [*moulin*], 20, 78, 95.
monasterium [*monastère*] (S. Martialis), 110.
moneta [*monnaie*], 82 ; – currens, 86.
monsieur, 125, *de Sainct Gérald* [*le prieur*].
munimentum [*acte*], 109.
murus [*mur*], Castri Lem., 2.
mutacio [*mutation*], personarum, 108.

N

negotium [*affaire*], 2.
nemus [*bois*], 111.
nepos [*neveu*], 97.
nobilis [*noble*], 85 ; vir, 25, 92.
nomen [*nom*], 5.
notaire, de la ville de Lymoges 124-125, *v.* Marcialis Albiac, 92 ; – Petrus Durandi, 13 ; – Petrus la Boria, 84-85, 98, 110.
notificacio [*notification*], 7.
notorietas [*notoriété*], 114.
notula [*notule*], 75.
novicius [*novice*], 124.

O

obitus [*obit*], 5, 27, 85.
octaba, octava [*octave*], 52 ; – Assumpcionis, 118 ; – Epiphanie, 74.
officium [*office*], de mortuis, 82.
onus [*charge*], 12, 76, 94, 96, 99, 122.
opus [*œuvre*], anniversarii S. Crucis, 98.
oratio [*oraison*], ipsius diei, 97.

P

panitonsor, panni tonsor [*tondeur de drap*], 92, 109.
papa [*pape*], Leo, 3.
papirus [*papier*], 88, 120, in isto p~ro (le registre en question) ; – nostrorum predecessorum, 2.
parciarius [*parsonnier*], 45.
parens, parentes [*parent*], 12, 75, 77-78, 80, 82, 87, 100-101, 110.
parentela [*parentèle*], 121.
pargamen [*parchemin*], 116, breviarium pargameni in choro cathenatum.
paries [*mur*], trolii, 44, 106.
parochia, parrochia [*paroisse*], 18, 41, 44, 69, 79-80, 95, 98 ; – de Beuna, 111 ; – nostra, 96, 99, 103-104, 116, 122 ; – Sancti Genciani, 35, 37, 96, 99 ; – Sancti Geraldi, 96, 105-106, 121-122 ; – Sancti Pauli, 94 ; – Sancti Petri de Quadruvio, 118 ; – Sancti Salvatoris prope Belacum, 84.
pars [*part*], 4, 5, 6, 7.
pasticerius, pastisserius [*pâtissier*], 109, 113.
pater [*père*], 16, 27, 49, 82-83, 87.
pecula [*pécule*], somme d'argent], 34.

pecunia, peccunia [*argent*], 46, 95, 109, 114, 118, 121-122.
pertinencia [*dépendance*, domaine], 96.
pietas [*piété*], 83.
pinta [*pinte*], vini, 78.
pistor [*boulanger*], 122.
planta [*plant*], vinee, 46.
pondus [*poids*], trium denariorum, 86.
pons [*pont*], de la Pisyciera, 106; – Sancti Marcialis, 80, 94, 106, 121, 113.
porta [*porte*], Arenarum, de Arenis, 85, 92; – Maignenye, 84-85, Manigne, 90; – de Montmalier de Monte Mailhier, 85, 92; – de Pissa Vache, 61.
portio [*portion*], 35.
possessor [*possesseur*], 92.
poyne [peine], *de deux soulz six deniers tur.*, 126.
praeses [*président*], 119; – in Curia Lem., 119.
pratum [*pré*], 45, 79, 87, 92, 94, 107, 111, 122; – de las Varenas, 17; – Sancti Aredii prope Sancti Geraldi, 17; – Vexcontaulx, Vexcuntau, Veycuntau, 42, 95, 104.
pré, 124.
precantum [*pour* percantum, *oraison*], 58, 124.
precium [*prix*], 77.
predecessor [*prédécesseur*], 2.
presbiter [*prêtre*] 82, 108, 113, 117, 121; – parrochie Sancti Petri de Quadruvio, 118.
prior [*prieur*], Sancti Geraldi, hujus conventus, 2 *et passim*; – de Chavanac, 93.
priorissa [*prieure*], de Bosco, 121.
processus [*procès*], 109, 121.
procuratio [*procuration*], 94.
procurator [*procureur*], generalis dom. nostri regis, 110.
pronunciacio [*proclamation*], anniversarii, 4, *et passim*.
psalterium [*psautier*], novum chori sinistri, 87.

Q

quartelada [*quartelée*], 37, 99.
quictancia [*quittance*], 118, 122.

R

receptio [*réception*], 6, peccuniarum, 2.
rechaptacio [*rachat*], 122.
reclausum [*clôture*], monasterii (S. Martialis), 110.
recognicio [*reconnaissance*], 2, 4, 84, 121; – grossata, 106.
redditus [*rente*], 2, 14, 96, 103, 105; sive census, 89.
redemptio [*rachat*], 83, 102.
regalia [*royaux*, monnaie], auri, 110, 117.
registrum [*registre*], antiquum, 78.
relicta [*veuve*], 21, 53, 68, 81, 84, 104, 107.
religieux, du prieuré de Sainct Gérald, 125-126.
religiosus [*religieux*, S. G.], 2, 11, 14-15, 33-34, 42, 44, 55, 58, 76, 78, 81-84, 90, 92, 95, 98, 100, 103, 105-109, 113-114, 118-119, 121-122, 124; – Sancti Geraldi, 12, 87, 96.
rente, 125.
res [*biens*], mobiles et immobiles, 122.
retardacio [*retard*], solucionis, 121.
retardatio [*retard*], solucionis, 94.
revestimentum [*port des habits*], 124.
rex [*roi*], Ludovicus, 3; – dom. noster, 110; – advocatus regis, 123.
rivulus [*ruisseau*], 81.
rua [*rue*], Arboris Picte, 43, 105; – de Banlangier, 62; – de Combis, 66, 133; – de Maignehnie, 15; – de Parva Possa, 15; – de Possa, de Pousse, 50, 76, 82; – de Raphilou, 85; – de Rullet, 61; – deu Verdier, 15; – magna de Combis, 123; – Maignenye, 90; – Torta, 114; – vulgariter nuncupata de Gau Merdier, 92.

S

saccum [*sac*], posita fuerunt judici exhibita, 109.
salut, des ames des fondateurs, 126.
sartor [*tailleur*], 93.
scala [*escalier*], 52, 118 ; – lapidea nostre ecclesie, 104.
scindicus [*syndic*, bayle], noster, 104 ; – seu bajulus anniversariorum Sancti Geraldi, 106.
scriptum [*écrit*], 2.
scutum [*écu*, monnaie], auri, 106 ; – auri mercabilis 86 ; – auri veteris, 86.
secretarius [*secrétaire*], episcopi Lem., 124.
sedes [*siège*, épiscopal], sede vacante, 3.
seings, manuelz, 126.
senescallus [*sénéchal*], Lem. Castri, 105.
septier, segle de rente, 124.
sestarium [*setier*], frumenti, 32, 42, 49, 104, 121 ; – censuale, 54, 94-95, 113, 121.
sexteriata [*séterée*], nemoris et chastanerie, 111 ; – terre, 122.
sextiers segl, 125.
sol(idus) [*sous*, monnaie], 14 *et passim*.
solucio [*paiement*], 6 ; – acquisicionis, 122 ; – retardationis, 94.
soubz diacre, 126.
soubz ebdomade, 126.
soubz ebdomadier, 126.
spinterius [*épinglier*], 122.
subbastacio [*vente à l'encan*], 105.
subdiaconus, subdyaconus [*sous-diacre*], 77, 82, 84, 97, 100, 105, 110.
suburbium [*faubourg*], Maignehnie, *de Magninha*, 75, 96, 108, 112, 121 ; – Lem., 14, 76.
summa [*somme*], 11, 14-16, 19, 75, 83, 85-87, 92, 103, 106, 109-110, 121-122.

T

tabellianus [*tabellion*], 2.
taberna [*taverne*], 92.
tenenciarius [*tenancier*], 76, 80.
terra [*terre*], 37, 42, 54, 84, 94-95, 99, 104, 111, 121 ; – terra sive planta vinee, 46.
terrarium [*terrier*, registre], 3 ; – anniversariorum, 2.
territorium [*territoire*], 12, 75, 79, 94, 108, 113 ; – seu clausum, 122.
tesmoins, 125.
testamentum [*testament*], 2, 4, 8, 12, 16, 28, 38, 76, 80-82, 96, 100, 103, 118-119.
testator [*testateur*], 82, 100.
tradicio, traditio [*remise*], 76, 83.
trilhia [occit. *trehla, trilhia, treille*], 112.
trolium [occit. *trolh, pressoir*], 44, 96, 106, 116.
tumulus [*tombeau*], 77, 97 105, 110.
tutrix [*tutrice*], suorum liberorum, 86.

U

utilitas [*utilité*], 114.
uxor [*épouse*], 28, 77, 80, 82, 89, 92, 100, 107, 110, 113, 116.

V

valor [*valeur*], 7.
vas [*possession, domaine*], 45, 69, 72, 87, 92, 107, 114, 121.
vendicio [*vente*], 94, 96.
venditor [*vendeur*], 92.
vespres, 126.
vestimentum [*vêtement*], album, 74 ; – de damays, 109.
vicaria [*vicairie*], magna, ecclesie cathedralis Lem., 115 ; – Sancte Radegundis, 124.
vicarius [*vicaire*], cappellanus vel v~us, 110 ; – dom. Stephani Solier, 50, 115 ; – magne vicarie ecclesie cathe-

dralis Lem., 115 ; – Sancte Radegundis, 58, 124.
vigilia [*vigile*], – b. Johannis Babtiste, 107 ; – de Assumptione beate Marie, 52 ; – de mane de mortuis, 100 ; – de sero, 101 ; – festi Conceptionis b. Marie 70 ; – mortuorum in choro, 118 ; – vigilia, missa alta de mortuis et absolucio, 80 ; – missa alta dyacono et subdyacono et absolucio, 100, 105 ; – missa cum solemnitate et absolutione, 76 ; – missa de mortuis, 82 ; – missa et absolucione, 124.
vigille, 126 ; – *apres vespres*, 126 ; – *messe et absolution et avec diacre et soubz-diacre*, 126.
vilagium, villagium [*village*], 96, 99, 111.
villa [*ville*], 69 ; – Belaci, Bellaci, 23-24, 40, 83, 102 ; – Lemovicarum, 84 ;– *Lem.*, 122 ; – pontis Sancti Marcialis, 94.
vinea [*vigne*], 12-13, 15, 18, 20, 22, 33, 46, 55, 67, 70-71, 75, 78, 80–81, 84-85, 87-90, 92, 97-98, 108, 112-114, 116, 121-122.
vinum [*vin*], 78.
vir [*homme*], honorabilis magister, 106 ; – prudens, 119.
viridarium [*verger*], 40, 43, 83-84, 88, 98, 102, 105, 112, 114.
vismeria [*oseraie*], 98, 113, 122.

Y

ypotheca [*hypothèque*], 96.

TABLE DES ILLUSTRATIONS

p.

52 Fig. 1. — Les premières lignes du terrier.

54 Fig. 2. – La fondation de Vincent de Grossa Radice, f. 18 [XIII].

39 Pl. 1. — Le prieuré et l'hôpital Saint-Gérald, sur le plan de Limoges de Bernadette Barrière.

40 Pl. 2. — Plan de l'ensemble, prieuré-hôpital, dressé en 1884 par A. Leroux, *Inventaire*, p. xxvii.

41 Pl. 3. — Terrier de la confrérie des pauvres à vêtir, fait par ordre de Pierre Butaud et Mathieu Mercier, bailes de 1535, arch. dép. de la Haute-Vienne, H SUP, 8 B 3, f. 1.

42 Pl. 4. — Missel de Limoges, imprimé en 1505, par Jean Berton, exemplaire ayant appartenu à l'abbé J. Nadaud, ADHV, I SEM 132, p. de titre.

43 Pl. 5. — Missel de Limoges, 1505, ADHV, I SEM 132, f. 262^{v}, oraisons propres aux anniversaires.

44 Pl. 6. — Missel de Limoges, 1505, ADHV, I SEM 132, f. 263, messe pour tous les fidèles défunts.

45 Pl. 7. — Missel de Limoges, 1505, ADHV, I SEM 132, f. 280, proses pour les défunts et colophon, le 20 juin 1505.

46 Pl. 8. — Limoges et les paroisses voisines sur la *Carte du diocèze de Limoges* de Pierre Cornuau, 1782.

47 Pl. 9. — Terrier des anniversaires, page de titre [f. 1] (n°s 1-7).

48 Pl. 10. — Terrier des anniversaires, l'inventaire des titres, f. I [2] (n°s 8-15).

49 Pl. 11. — Terrier des anniversaires, les fondations d'anniversaires, f. I [6]. Dans la marge gauche, les manchettes *vacat* et *Saguine Magrete* (nos 74-75).

50 Pl. 12. — Terrier des anniversaires, f. 1 [6], 8 janvier 1500 (no 80), avec une add. dans la marge droite et la manchette rappelant le nom du défunt dans la marge gauche. On remarque nettement les deux lignes verticales de justification.

TABLE DES MATIÈRES

Préface, par Jacques Verger VII

Avant-propos 1

Bibliographie sommaire et principaux titres cités en abrégé 3

Introduction 9

I. Les débuts de l'hôpital Saint-Gérald (XIIe-XIIIe siècles) par (†) dom Jean Becquet (OSB) 9

Annexe. Les dépendances de Saint-Gérald de Limoges, 23.

II. Saint-Gérald de la fin du Moyen Âge au XVIe siècle 25

Planches 39

Le manuscrit 51

Édition 61

Signes critiques utilisés pour l'édition, 62.

Terrier des anniversaires de Saint-Gérald de Limoges 63

Prohemium hujus operis, 63.

Sequitur prima pars in qua fiet inventarium litterarum grossatarum, acquisicionum, recognicionum, condemnacionum, pronunciacionum, memorialium et testamentorum clausularum, 65.

Sequitur secunda pars de nomine fundatione anniversariorum, die et obitu, supra quem locum et super quibus erunt levanda et percipienda debita, 81.

Tables 125

Table des noms de lieu et de personne, 127.

Table des principales matières, 139.

Table des illustrations, 147.

Table des matières, 149.

Obituaires - Série in-8°

Vol. I. *Les documents nécrologiques de l'abbaye Saint-Pierre de Solignac*, publiés sous la direction de Pierre Marot par Jean-Loup Lemaitre, avec la collaboration de Jean Dufour, 1984 (x-690 p., 24 pl.).

Vol. II. *L'obituaire du chapitre collégial Saint-Honoré de Paris*, publié sous la direction de Pierre Marot par Jean-Loup Lemaitre, 1987 (248 p., 16 pl.).

Vol. III. *Les obituaires du chapitre cathédral de Rodez*, publiés sous la direction de † Pierre Marot et de Jean Favier par Jean-Loup Lemaitre, avec la collaboration de Jean-Loup Delmas, 1995 (392 p., 26 pl.).

Vol. IV. *Le livre du chapitre des célestins de Marcoussis*, publié sous la direction de Jean Favier par Jean-Loup Lemaitre, 1999 (176 p., 24 pl.).

Vol. V. *L'obituaire de Saint-Michel-sur-Orge*, publié sous la direction de Jean Favier par Nicole Lemaitre, 2003 (viii-96 p., 8 pl.).

Vol. VI. *Le livre du chapitre de Saint-Guilhem-le-Désert*, publié sous la direction de Jean Favier par Jean-Loup Lemaitre et Daniel Le Blévec, 2004 (x-254 p., 8 pl.).

Vol. VII. *Les obituaires du chapitre cathédral d'Albi*, publiés sous la direction de Jean Favier et de Jean-Loup Lemaitre par Matthieu Desachy, avec la collaboration de Olivier Cabayé, Julien Théry et Céline Vanacker, 2007 (lxxviii-278 p., 8 pl.).

Vol. VIII. *Le nécrologe de l'abbaye de la Sauve-Majeure*, publié sous la direction de Jean Favier par Jean-Loup Lemaitre, 2009 (viii-192 p., 7 pl.).

Vol. IX. *Les obituaires du chapitre cathédral Saint-Sauveur et de l'église Sainte-Marie de la Seds d'Aix en Provence*, publiés sous la direction de Jean Favier et de Jean-Loup Lemaitre par Anne Chiama et Thierry Pécout, avec la collaboration de Noël Coulet, 2010 (viii-384 p., 32 pl.).

Vol. X. *L'obituaire de l'hôpital des Quinze-Vingts de Paris*, publié sous la direction de Jean Favier par Jean-Loup Lemaitre, 2011 (xii-164 p., 15 pl.).

Vol. XI. *Les obituaires de l'abbaye Saint-Andoche d'Autun*, publiés sous la direction de Jean Favier et de Jean-Loup Lemaitre par Nathalie Verpeaux, 2011 (viii-444 p., 24pl.).

Vol. XII. *Les nécrologes de l'abbaye Saint-Airy de Verdun*, publiés sous la direction de Jean Favier et de Jean-Loup Lemaitre par Marie-Paule Crochet-Théry, avec la collaboration de Michel Parisse, 2013 (x-352 p., 16 pl.).

Vol. XIII. *Le livre du chapitre de Saint-Just et Saint-Pasteur de Narbonne*, publié sous la direction de Jean Favier par Jean-Loup Lemaitre, 2014 (viii-518 p., 16 pl.).

Vol. XIV. *Les obituaires du chapitre cathédral Saint-André de Bordeaux*, publiés sous la direction de Jacques Verger par Françoise Lainé, avec la collaboration de Jean-Loup Lemaitre et de Daniel-Philippe Picard, o.p., 2015 (384 p., 33 pl.).

Vol. XV. *Le nécrologe du chapitre cathédral Sainte-Marie et Saint-Castor d'Apt*, publié sous la direction de Jacques Verger par Thierry Pécout, avec la collaboration de Guy Barruol, Yann Codou, Martine Jouve-Codou et Jean-Loup Lemaitre, 2016 (viii-214 p., 24 pl.).

Vol. XVI. *Les obituaires du chapitre cathédral Saint-Étienne de Limoges*, publiés sous la direction de Jacques Verger par Jean-Loup Lemaitre, 2017 (514 p., 16 pl.).

Vol. XVII. *Le livre du chapitre de Saint-Émilion*, publié sous la direction de Jacques Verger par Françoise Lainé, avec la collaboration de Frédéric Boutoulle et Jean-Loup Lemaitre, 2017 (x-508 p., fac-similé en couleurs du ms. p. 402-499, 4 pl.).

Vol. XVIII. *Trois obituaires marchois. Les célestins des Ternes. Les prêtres filleuls de Banize et de Magnac-Laval*, publiés sous la direction de Jacques Verger par Jean-Loup Lemaitre, avec la collaboration de Pascale Marouseau, 2019 (xvi-348 p., ill.).

Vol. XIX. *Les obituaires de l'abbaye de Clairac*, publiés sous la direction de Jacques Verger par Françoise Lainé, avec la collaboration de Hervé Bouillac, Pierre Simon et Jean-Loup Lemaitre, 2019 (x-424 p., ill., 24 pl.).

Vol. XX. *Le livre du chapitre du chapitre cathédral Notre-Dame de la Seds de Toulon*, publié sous la direction de Jacques Verger par Thierry Pécout, avec la collaboration de Nathalie Molina et Jean-Loup Lemaitre. Avant-propos de Henri Bresc, 2020 (x-484 p., ill.).

Vol. XXI. *L'obituaire des pénitentes de Sainte-Madeleine de Strasbourg*, publié sous la direction de Jacques Verger par Louis Schlaefli, avec la collaboration de Jean-Loup Lemaitre, 2020 (viii-342 p., ill.).

Vol. XXII. *Les obituaires des églises du Puy*, publiés sous la direction de Jacques Verger par Jean-Loup Lemaitre, 2020 (viii-144, p., ill.).

Vol. XXIII. *L'obituaire de la paroisse Saint-Sauveur de Dinan*, publié sous la direction de Jacques Verger par Laurent Guitton, avec la collaboration de Jean-Loup Lemaitre, 2021 (xii-490 p., ill.).

Vol. XXIV. *Le nécrologe de l'Artige*, publié sous la direction de Jacques Verger par dom Jean Becquet OSB (†) et Jean-Loup Lemaitre, avec la collaboration de Claude Andrault-Schmitt, 2021 (xvi-238 p., ill.).

Vol. XXV. *Nécrologes de Provence et Dauphiné. Sainte-Croix de Châteauroux, Saint-Géraud d'Aspres, Sainte-Marie du Bourg de Digne, Saint-Léonce de Fréjus*, publiés sous la direction de Jacques Verger par Thierry Pécout, avec la collaboration de Jean-Loup Lemaitre. Avant-propos de Jean-Paul Boyer, 2021 (x-304 p., ill.).

Vol. XXVI. *Trois obituaires bordelais. L'abbaye Sainte-Croix, les clarisses de Bordeaux, Saint-Martin de Saint-Macaire*, publiés sous la direction de Jacques Verger par Ézechiel Jean-Courret, Françoise Lainé et Jean-Loup Lemaitre, avec la collaboration de Sylvie Faravel et Morgane Uberti et le concours de l'université Bordeaux-Montaigne, Ausonius, 2021 (xiv-480 p.).

Vol. XXVII. *Les obituaires de Saint-Martial de Limoges*, publiés sous la direction de Jacques Verger par Jean-Loup Lemaitre, 2022 (x-376 p., 16 pl.).

Vol. XXVIII. *L'obituaire de l'abbaye des Allois et les extraits des obituaires des abbayes de La Règle et Bonnesaigne*, publiés sous la direction de Jacques Verger par Jean-Loup Lemaitre, 2022 (x-200 p., 18 pl.).

Vol. XXIX. *Les obituaires de Saint-Étienne et Saint-Caprais d'Agen*, publiés sous la direction de Jacques Verger par Françoise Lainé et Pierre Simon, avec la collaboration de Jean-Loup Lemaitre, 2023 (x-404 p., 21 pl.).

Vol. XXX. *Les obituaires de la chartreuse de Glandier*, publiés sous la direction de Jacques Verger par Jean-Loup Lemaitre, 2023 (x-244 p., 17 pl.).